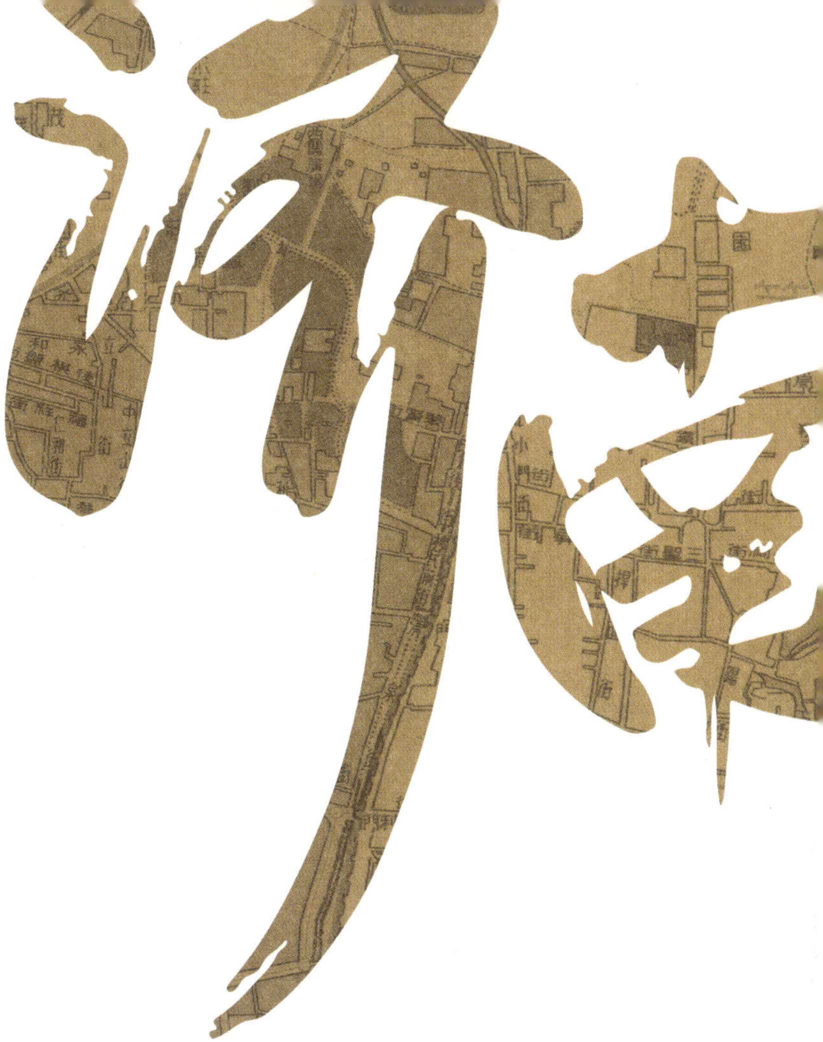

济南

杨峰·主编
王绍东·著

古城文明溯源流
龙山文化

山东城市出版传媒集团·济南出版社

序 XU

讲好济南故事是我们的使命

看到济南出版社重磅推出的"济南故事"系列丛书,无论是作为济南城市的建设者,还是作为在这座历史文化名城工作与生活了数十载的济南市民,我都深感高兴与自豪。

伴随着这座历史文化名城发展变迁的足音,感受着这座时代新城前行律动的脉搏,我们会感到脚下的大地熟悉而又陌生。当时光列车即将驶入21世纪第三个10年的历史关口,济南的明天将会怎样,想必是每一位济南人都迫切需要了解的。要知道济南向何处去,首先要回答济南从哪里来。只有了解济南的昨天,才能知道济南的明天。了解济南故事,讲好济南故事,让更多的济南人热爱济南,让更多的外地人了解济南,使之成为建设美丽济南的磅礴动力,是我们义不容辞的使命。那么,了解济南故事,从阅读这套丛书开始,应该是个不错的选择。

济南是一座传统与现代相互融合的城市。一方面,济南地理位置得天独厚,南依泰山,北临黄河,扼南北要道,北上可达京师,南下可抵江南。济南融山、泉、湖、河、城于一体,风景绮丽,秀甲一方。她群山逶迤,众泉喷涌,城中垂杨依依,荷影点点,既有北方山川之雄奇壮阔,又有江南山水之清灵潇洒,兼具南北风物之长。作为齐鲁文化中心,她历史悠久,文脉极盛,建城两千多年以来,文人墨客、名士先贤驻足于此,歌咏于此,留下无数美好的诗篇。近代开埠以来,引商贾、办工厂、兴教育,得风气之先,领一时风骚。这些都是济南的老故事。

另一方面,作为山东省政治中心、经济中心、文化中心,当前的济南正面临新旧动能转换先行区、中国(山东)自由贸易试验区济南片区、黄河流域生态保护和高质量发展三大国家战略叠加的重大机遇,正对标习近平总书记

"走在前列、全面开创"的目标要求,阔步从"大明湖时代"迈向"黄河时代"。今日之济南,围绕"打造四个中心",建设"大强美富通"现代化省会城市,努力争创国家中心城市,统筹谋篇布局经济社会发展,大力发展大数据与新一代信息技术、智能制造与高端装备、量子科技、生物制药、医疗康养等十大千亿级产业集群,加快产业转型升级,一大批重大工程、重大项目落地投产,城市发展充满了无限生机。同时大力推进城市建设管理更新,中央商务区勃然起势,"高快一体"快速路网飞速建成,城市容颜焕新蝶变,城市品质赋能升级,城市文明崇德向善,生活在这座城市里的人们,有着以往从未有过的获得感、幸福感和安全感。现在的济南又趁势而上,加快实施公共卫生应急管理、营商环境优化、双招双引、项目建设、科技创新、城市品质提升、扩大对外开放等十二项重点攻坚行动,踏上了更为壮阔的高质量发展新征程。这是济南故事的新篇章。

作为时代变化的参与者、见证者,同时也应是优秀传统文化的守望者和美好故事的讲述者,我们有责任深入讲好济南故事,告诉世人济南的前世与今生。但也许是尊奉礼仪之邦"讷于言而敏于行"的古训吧,这些年我们做了很多,讲得却还不够。济南出版社策划出版"济南故事"系列丛书,可谓正当其时。它从多层面多角度挖掘、整理和诠释济南风景名胜、人文历史,向世人娓娓道来,并以图书的形式呈现出来,是一件有着深远意义的事情。我希望这套丛书能成为一把钥匙,为读者打开一扇门,拨开历史的风尘,带领读者穿越时光,纵览波澜壮阔的历史长卷,与往圣先贤来一场跨越时空的对话。

翻开它,我们走进历史;合上它,我们可见未来。

中共济南市委常委、市委宣传部部长

龙山文化·古城文明溯源流

引 言 /1
第一章 千年古镇藏胜迹 /5
第二章 六访龙山古迹现 /19
第三章 圣地之光耀天下 /29
第四章 新世学人续旧梦 /41
第五章 国之雏形龙山城 /51
第六章 龙山陶文铸文明 /63
第七章 金属冶铸现龙山 /71
第八章 蛋壳黑陶展绝艺 /75
第九章 龙山宝玉现华光 /85
第十章 龙山先民拜图腾 /93
第十一章 生活百态龙山人 /101
第十二章 龙山时代出圣王 /113
第十三章 龙山文化溯源流 /131
第十四章 龙山文保气象新 /141
第十五章 古城遍开文明花 /153

jinan 济南故事

引言

在黄河下游、泰山之北，有一座古城，人们常用"四面荷花三面柳，一城山色半城湖"来赞美它。它因泉水而天下闻名，多少帝王、先贤、名人、雅士曾为之陶醉；它因舜德而被千古传颂，多少名泉、山川、道路、建筑都留下圣迹。它就是如今被称为"泉城"，也曾被誉为"舜城"的济南。

作为省会城市，济南不仅是山东省的政治中心，也是文化中心，因为它是一座有着悠久文明历史的古城。济南的文明史源于何时呢？据考古发现和学者研究，龙山文化就是济南的文明之源。考古学家在济南章丘的城子崖遗址中发现了一座龙山文化城址，而城市的出现正是人类社会步入文明阶段的重要标志之一。据研究，龙山文化的年代距今约4 000多年，说明早在4 000多年前，济南这座古城就已显露出文明的曙光。巧合的是，史籍所记载的上古圣王虞舜也生活在这个时代。那么，济南地区的龙山文化与虞舜有何关系呢？这值得人们去探寻和研究。

龙山文化虽然首先发现于济南,但其文化遗迹的分布范围却并不局限于济南地区,而是遍布全国各地,因此有学者将各地龙山文化所属的时期统称为"龙山时代"。由此可见,龙山文化不仅是济南文明的根基所在,也是中华文明的重要源头之一。龙山时代先民的勤劳和智慧,助推包括济南在内的不少古城步入了文明社会的门槛。

习近平总书记曾说:"历史文化是城市的灵魂,要像爱惜自己的生命一样保护好城市历史文化遗产。"所以,我们对包括龙山文化在内的济南历史文化遗产应该深怀爱护之心和敬畏之情。传承历史文明、守护精神家园,是中华儿女共同的责任和使命。

有着数千年文明发展史的古城济南,如今荣获"全国文明城市"的称号,"文明之花"再次开遍全城。这座古老的城市再次焕发出蓬勃的朝气,绽放出

绚烂的色彩。四千年的沧桑岁月，一次次的朝代更替，都未阻断济南文明发展的步伐，只因这座古城充满着旺盛的生命力，洋溢着青春的活力。水流千里因有源，树高千尺缘有根。让我们来溯源、寻根，一起穿越时空，探寻济南这座古城的文明之源，领略其波澜起伏的文明发展历程吧！让我们一起陶醉于古城"文明之花"散发的馨香，畅享新时代文明发展的硕果吧！

JINAN 济南故事

第一章

千年古镇藏胜迹

章丘，是山东省省会济南市的一个市辖区，探究其历史，可知章丘是宋代女词人、易安居士李清照的故乡，自带人文风流的古韵；而淙淙铮铮的百脉泉水，从见于北魏《水经注》的记载开始，也已在历史中流淌了千年。

不过，说起章丘的历史源头，我们还要向时光长河上游追溯。据考古资料和文献记载可知，早在9 000多年前，就有人类居住和生活在今章丘地区。据《章丘县志》记载，章丘早期的原始部落为东夷少昊金天氏，属爽鸠氏。东夷部族和中原地区的华夏部族既有着密切的联系，又有着不同的文化和习俗。作为东夷部族的章丘先民，在距今9 000年左右就开始谱写章丘的历史。大约4 500多年前，东夷人在章丘建立了城市。夏商周时期，该地区部分被逄伯陵、薄姑氏相继占据，部分归属谭国统辖。公元前684年，谭国为齐桓公所灭，全境遂归属齐国。西汉时期，该地属济南国辖区。王莽时期改属乐安郡。东汉时期，该地区中部为阳丘县，北部为菅县，南部为土鼓县，后来阳丘县并入东朝阳县。魏晋时期，东朝阳县属乐安国。南北朝时期，刘宋政权改东朝阳

章丘百脉泉

县为朝阳县，属齐郡。北齐政权则废朝阳县而置高唐县，县治设在回军镇。北齐天保七年（公元556年），高唐县迁至女郎山（章丘山）南建城。隋开皇十六年（公元596年），取县北"章丘山"为名，将高唐县改为章丘县。唐贞观元年（公元627年），章丘县归河南道齐州济南郡管辖。宋金时期，章丘县属济南府。元朝时，章丘县属山东东路西南道济南路总管府。明清时期，章丘县皆属济南府。中华民国初年，章丘县属岱北道。民国三年（1914年），改属济南府。1945年8月，该地区被划为章丘、章历二县，属泰山专区。1950年4月，章丘、章历两县划归淄博专区管辖。1953年9月，章历县并入章丘县，划归泰安专区管辖。1958年11月，泰安专区撤销，章丘县归属济南市。1961年5月，泰安专区恢复，章丘县又划归泰安专区管辖。1979年1月，章丘县复属济南市。1992年8月，章丘县撤县设市（县级），归济南市代管。2011年9月，民政部、联合国地名专家组中国分部认定章丘市为"千年古县"，并颁发了证书。2016年12月22日，章丘市撤市设区，仍归济南市管辖，成为济南市的一个重要城区，从此迎来了新的发展契机。

据资料可知，章丘地处济南市东部，总面积1 719平方公里，下辖20个镇街，常住人口约120万人。章丘环境秀美，境内群泉竞涌，河流逶迤，"全球优秀生态旅游景区"百脉泉公园、"国家历史文化名村"朱家峪、济南野生动物世界、济南植物园、国家级胡山森林公园、白云湖国家湿地公园、绣源河国家级水利风景区以及七星台、锦屏山、三王峪等风景区名扬天下，城市公园和绿地达到124处，城区园林覆盖率高达47%，负氧离子含量每立方厘米高达3 000多个，被评为国家级生态示范区。章丘历史悠久，辖区内遍布古迹，城子崖龙山、岳石文化遗址，西河遗址，洛庄汉墓陪葬坑和祭祀坑遗址，危山汉代墓葬与陪葬坑及陶窑，焦家遗址等，这些古代遗迹均入选当年的"全国十大考古新发现"。一个区县级区域内有5处古迹入选"全国十大考古新发现"，在国内是绝无仅有的。章丘物产丰富，除了大葱、铁锅外，比较有名的还有龙山小米、龙山黑陶、龙山水豆腐、龙山树莓、明水香米等。

物产丰饶、灵山秀水的章丘，养育了无数人杰，邹衍、王莽、房玄龄、李清照、张养浩、李开先、孟洛川等，都是出自章丘的历史名人。

在章丘所辖的20个镇街中，有一座"千年古镇"，可谓章丘乃至济南文明的发源地，它就是龙山街道办事处（原龙山镇）。据相关资料记载，龙山街道办事处是由原龙山镇与党家镇合并而成的，位于济南市章丘区西部，东连枣园街道办事处，南接圣井街道办事处，西依济南市历城区，北邻原党家镇，地处平原地带，地势南高北低，总面积92平方公里，下辖76个行政村，常住人口约6万人，是一座既具古城风韵又充满现代气息的城镇。

龙山镇历史也非常悠久，被誉为"汉城宋镇"。在汉代之前，此地曾被称为"巨里""巨合"。汉初，汉武帝刘彻于西汉元鼎元年（公元前116年）封城阳顷王刘延之子刘发为巨合侯，此地由此成为一个侯国的统治中心。可惜好景不长，由于刘发没有按规定于每年九月到长安宗庙祭祖并保质保量地向中央进献黄金，所以他的侯国只存在了五年便被汉武帝给废除了。侯国虽然被废除了，但是巨合城却依然作为一个地方的政治、经济和文化中心而存在。到了西汉末年，由于政治腐败导致民不聊生，全国各地爆发了农民起义。王莽趁机篡位称帝，建立新朝。但是，这个短命的王朝很快就被赤眉、绿林等全国性的农民大起义给推翻了。此时，刘邦的五世孙刘秀借机起兵，夺取政权，建立了东汉。虽然汉室政权再次统一全国，但是地方割据势力却依然存在。据《后汉书》《资治通鉴》等历史文献记载，龙山一带在当时还被张步掌控着。

张步，字文公，琅邪不其（今山东即墨）人。趁天下大乱之时，他也在家乡聚集了数千人起义，并很快攻占了周边的几个县城，后自称武威将军。当时，梁孝王的八世孙刘永正在安徽、江苏一带发展势力，见张步兵强马壮，便封张步为辅汉大将军、忠节侯，让其管理青州、徐州二地。张步贪恋官爵，甘愿听命于刘永，于是率领所部从剧国（今山东寿光）一路打到济南，并占领了整个山东东部地区。东汉建武三年（公元27年），光武帝刘秀派光禄大夫伏隆前往山东招安张步，并封其为东莱太守。刘永听说这一消息后，恐怕张步背叛自己，于是立即将他封为齐王。等刘秀的使臣伏隆前来赐封时，已为齐王的张步不仅不接受，而且还将伏隆杀了。消息传回长安，光武帝刘秀大为震怒，于是派英勇善战的建威大将军耿弇领兵前去讨伐张步。张步听闻后，封大将费邑为济南王，并派费邑的弟弟费敢守卫巨合城。耿弇在详细了解了张步的防御体系和兵力布局后，先率军从济阳渡过济水攻下临济（今章丘区黄河乡临济镇），随即西进直取祝阿。攻占祝阿后，耿弇又率所部东进巨合城。耿弇没有急于攻城，而是先在巨野河西岸扎下营盘，并派士兵砍伐树木、制造云梯，还故意释放一些俘虏，让他们将"三日后攻城"的消息报告给费邑。费邑听说后大惊失色，急忙率兵援救巨合城，没想到却中了耿弇所设的"围点打援"之计。其实，耿弇留在巨合城周围的兵力只作佯攻之势，其主要兵力则埋伏于城外的高地上，待费邑领兵前来救援之时，将他们一举歼灭。随后，耿弇命人将费邑的首级用高竿挑起，展示给守卫巨合城的敌军看，守城之敌遂人心大乱，弃城而逃。此战史称"巨合城之战"，被后世史学家、军事家奉为战争范例。占领巨合城后，耿弇继续挥师东进，最终消灭张步，荡清了齐地的割据势力。

尽管巨合城再次易主，却依然存在，一直延续到宋代。到了宋代，"巨合城"之名已不再见于史册，取而代之的是"龙山镇"。如北宋文学家陈师道在《后山丛谈》中所云："……是龙山设镇始于宋矣。"再如元代历史地理学家、文学家于钦在《齐乘》中所载："巨合城自宋为龙山镇。"其实，巨合城所处地域为山前平原，地形自南向北呈阶梯状倾斜，并没有山。那么，为何宋人要将此地以山命名呢？

"龙山"之名，最早见于《魏书·地形志》记载的"蠡吾有龙山，县治未详"，可惜所载不详。据乾隆元年（公元1736年）进士李衮所撰《重修龙山镇龙王庙碑》所载："龙山为历下首镇，汉称巨里，宋更龙山，其命名之义概不可追矣！镇之艮，有五龙王庙，仅存明献可刘公记碑云：石桥下边有龙湾，湾上有龙山，山显龙神。若是乎山缘龙湾而得名，湾最下，镇最后，因山名镇。"这大概就是"龙山"命名的原因了。至于在汉代繁盛一时的"巨合城"为何到宋代就沦落成了"龙山镇"？原因可能有二：一是当地沟壑纵横的地理环境限制了其发展规模；二是在其东边不远处自汉时又崛起了一座新城市——东平陵城，并很快发展成为该地区的中心，从而导致"巨合城"逐渐沦为从属

东平陵故城遗址

城,直至变为宋代的"龙山镇"。不过,也正是因为龙山镇的命名,才有了如今的"龙山文化"之称。自宋朝时始设镇,龙山在历史上就一直隶属于历城县(今济南市历城区)。之后,一直到中华民国时期,龙山镇都是历城县东部的一座重要城镇。中华人民共和国成立后,经过区划调整,龙山镇被划归章丘县(今济南市章丘区),一直延续至今。

之所以称龙山镇为"千年古镇",是因为其数千年的文明发展史是有确凿证据的。无论从历史传说来看,还是据文献记载而言,抑或是考古发现显示,都充分证明龙山镇的发展历史源远流长,文化底蕴博大深厚。

首先,长久以来,大舜制陶、伯益作井、后羿建都等史前传说一直都在此地口耳相传。大舜、伯益、后羿等均为上古时代东夷先民的杰出领袖,都曾在今济南地区干出了一番业绩,如今分布于济南地区的包括城子崖遗址在内的龙山文化遗迹很可能就是他们留下的历史痕迹。

其次,进入有历史记录时期以后,文献记载显示,济南历代名人辈出,不仅出过帝王，也出过宰相；不仅出过文人，还出过富商。其中，王莽、房玄龄、李清照、张养浩、李开先、孟洛川等都是其中的著名人物。

尽管祖籍为济南的中国历史名人有不少，但是当过皇帝的人却只有一个，此人就是出身于龙山的王莽。王莽，字巨君，生于公元前45年，卒于公元23年，祖籍章丘龙山平陵古城，是西汉孝元皇后王政君的侄儿，为中国历史上新朝的建立者。据史料记载，在西汉末年，随着社会矛盾的不断激化，汉王朝危在旦夕。当时身为皇亲国戚的王莽，由于在朝野素有威名和声望，被视为挽救汉王朝的最佳人选。于是，在众人的拥护下，王莽于公元8年正月朔日正式称帝，改元"始建国"，改国号为"新"。新朝建立后，王莽为了缓和社会矛盾，仿照周朝制度推行新政，先后实施了一系列的改革措施，史称"王莽改制"。他更改官制，恢复五等爵，滥加封赏；他削夺刘氏贵族的权利，引发各地诸侯的不满；他屡改币制，造成经济上的极大混乱；此外，他还对内刑政苛暴、加征赋役，造成阶级矛盾尖锐，对外不断挑起战争，置人民于水深火热之中。总之，王莽的改革并没有化解危机、挽救困局，反而使社会矛盾愈加激化。加之自然灾害频发，民不聊生，尤其是始建国三年（公元11年）发生的黄河改道致使灾民遍野，导致全国各地起义不断。天凤四年（公元17年），以赤眉、绿林为代表的全国性农民大起义终于爆发。更始元年（公元23年），绿林军攻入长安，王莽在混乱中被商人杜吴所杀，新朝灭亡。新朝也由此成为中国历史上的短命王朝之一。对于王莽的评价，后人褒贬不一，但对于他的祖籍却是没有争议的。不管怎样，他都是章丘龙山滋养出的唯一一位封建帝王。

关于王莽和他的家乡，有一则"植筋钩龙袍"的故事，这个故事得从王莽的故里平陵古城说起。

由于当年平陵古城的城墙是由"三合土"

王 莽

垒筑而成的,年代一久,城墙上便长满了酸枣树。酸枣树上密布的尖刺,被当地人称作"植筋"。这些长着"植筋"的酸枣树,不仅是一种绿化植物,无形中也成为一种天然的护城屏障。不过,令人惊奇的是,其他地方酸枣树上长的刺大都是弯曲的,而生长在平陵古城墙上的酸枣树,刺却是直的,这是何故呢?据说,王莽称帝后,有一天到济南郡去视察城防。正当他春风得意地在平陵古城的城墙上巡察时,未曾想他的龙袍竟然被一棵酸枣树上长的弯钩状"植筋"钩住,并撕裂了一个口子。王莽见状,不由得龙颜大怒,于是下令将古城墙上所有带"植筋"的酸枣树全部铲除了。此后,虽然平陵古城墙上又新长出了酸枣树,但再也没有长过弯钩状的"植筋"。

说起平陵古城,还有一位历史名人值得介绍。虽然此人的祖籍并非章丘龙山镇,但却与龙山平陵古城有着非常密切的关系,他就是三国时期的一代枭雄——曹操。据史料记载,汉灵帝光和七年、中平元年(公元184年)二月,太平道领袖张角领导的黄巾军大起义在全国各地同时爆发。汉灵帝惊恐万分,慌忙调兵遣将,分头镇压。时任骑都尉的曹操奉命率所部与左中郎将皇甫嵩等人合军,去镇压颍川的黄巾军。经过一番苦战,汉军斩敌首级数万。因军功显赫,曹操受到汉灵帝重用,被提拔为济南国相,时年29岁。按照汉朝制度,国相等同于一郡的太守,全权负责所在封国的一切政务,而封王的权限则仅限于"衣食租税"而已。所以,时任济南国王的刘康对曹操也不敢小觑。当然,正值年富力强的曹操不会贪图安逸,满足于现状。他上任后,锐意进取、整顿吏治,实行了一系列改革措施,不到一年时间就大见成效,使平陵城一度"政教大行,一郡清平"。虽然曹操在济南国任相时间很短,但他整治贪官污吏、废除淫祀等举措,充分显示了其非凡的胆识魄力和政治才干。

曹操

可见，曹操后来能够成就一番宏图伟业绝对不是偶然的。通过曹操于建安十五年（公元210年）自撰的长篇回忆录《己亥令》可知，在曹操看来，他一生的事业是从济南起步的，所以章丘龙山镇平陵城就是他梦想起飞的地方。

东平陵故城遗址

在曹操担任济南国相期间，民间还流传着一个"白蒿治病"的故事。据说，曾经有一段时期，济南王刘康和曹操均身染重病，且久治不愈，太医虽使出浑身解数却不见成效，只得到民间去寻找奇药良方。后经寻访得知，一些野菜具有很好的药效。每年农历三月，平陵城墙上都会长出许多野菜，其中一些野菜可作药用，尤其是具有清热解毒功效的白蒿，正是太医苦苦寻求的良药。于是，太医便让人到城墙上采挖白蒿入药，因为此地白蒿的药效要比其他地方的好很多。果不其然，服药之后，刘康和曹操的病情开始逐渐减轻，不久便康复了。见白蒿具有如此神奇的功效，太医便建议御膳房将白蒿列为御食。之后每逢白蒿长出时，朝廷都会派人到平陵城墙上采挖以备食用。时至今日，白蒿依然是当地人们最喜爱的野菜之一，并且作为一种重要的中药材而被广泛使用。

再次，文物普查和考古发现表明，在龙山街道办事处所辖范围内，可谓文物古迹众多，遍藏胜迹。不仅有古代遗址，也有古代墓葬；不仅有古代城址，还有古代建筑。西河遗址、焦家遗址、城子崖遗址、东平陵故城、洛庄汉墓、韩信桥、太平寺等古迹均是让龙山引以为傲的古代文明印记。

前文提到，平陵古城（现称"东平陵故城"）是新朝皇帝王莽的故里，也是一代枭雄曹操事业起步的地方，因此值得重点介绍。东平陵故城遗址位于山东省济南市章丘区龙山街道办事处东北，经考古学家调查和发掘证实，该城址平面呈方形，边长1 900米，总面积360余万平方米。1977年，该城址被山东省人民政府公布为第一批省级重点文物保护单位。2006年5月25日，又被国务院公布为国家级重点文物保护单位。

据史料记载，东平陵原名平陵，春秋时属谭国。公元前684年，谭国为齐桓公所灭，改设平陵邑，归齐国管辖。正如西汉学者刘向在《说苑·贵德》中记载："桓公之平陵，见家人有年老而自养者。"这也是"平陵"一词的最早记录。战国时期，平陵邑晋升为平陵县，成为齐国在济南地区的政治和经济中心。公元前204年，汉高祖刘邦置济南郡，郡治平陵县，并在此设工官、铁官，使其成为著名的手工业城市。到西汉昭帝时期，因为在咸阳设置了平陵县，而将济南地区的平陵县更名为"东平陵"。整个两汉时期，东平陵曾三次被确立为郡国的国都。

第一次是公元前187年，东平陵被划归吕国。当时，汉惠帝病逝，掌握汉室政权的吕后封其侄吕台为吕王，将齐国的济南郡划出作为封邑，建立吕国，定都东平陵。公元前181年，吕后又封汉惠帝的儿子刘太为吕王，不久后改称济川王，仍以原吕国疆域为封地。然而，这个小小的吕国虽然仅有一郡之地，历时也不过数年，却在当时有着非同一般的地位。由于它是吕氏家族的封国，所以自立国之日起，就被吕后赋予了削弱、牵制、监视齐国的战略意义。因此，在吕后庇护下的吕国，政治地位极高，国力也很强盛，这些均能从考古发现中找到佐证。1999年至2002年，考古工作者在章丘洛庄发掘了一座汉墓，通过大墓的形制、规模和墓葬及陪葬坑、祭祀坑内出土的大量遗物推断，该墓的主人正是吕国的始封君吕台。令人惊奇的是，洛庄汉墓的封土面积与西汉帝陵的封土面积几乎相同，远超过一般汉代诸侯王陵墓的封土面积，并且墓室周围的陪葬坑数量也是迄今所发现的汉代诸侯王陵墓中最多的。另外，墓中所葬50余件铸有"齐"字铭文的铜器，应是当年齐国为讨吕后欢心而馈赠给吕国的礼品。可见，有吕后作为后台的吕国，在当时必然有着独特的政治地位，东平陵城自然也成为天下诸侯瞩目的一个中心。

第二次是公元前164年，齐王刘肥的儿子刘辟光被汉文帝封为济南王，治所也在东平陵，济南国由此确立。不过好景不长，到了公元前155年，由于济南王刘辟光参与谋反而被诛，济南国被汉景帝废除而改设为郡。

第三次是公元184年，汉灵帝封河间安王刘利之子刘康为济南王，重新建立济南国，国都为东平陵，而此时的济南国相就是大名鼎鼎的曹操。正是由于东平陵曾数次被确立为济南国的国都，所以至今仍流传着"先有平陵城，后有济南府"的说法。

公元9年，王莽建立新朝，将其故里东平陵改名为乐安。然而，随着东汉王朝的覆灭，东平陵城的郡国地位也逐渐下降，由诸侯国治所改为州、县行政办事处。西晋永嘉年间，济南郡治所由东平陵迁至历城县。隋开皇三年（公元583年），济南郡被改为齐州，东平陵城成为齐州的行政中心。到唐元和十年（公元815年），东平陵城并入历城县，其行政管理职能被取消，城内居民也随之流散他处，一座曾经繁华的古城就此烟消云散。如今，东平陵故城只留下一些残垣断壁和依稀可见的城门遗迹以及遍布城址的砖瓦碎片、陶器残片，仿佛向世人诉说着古城昔日的辉煌。

作为西汉王朝的一个地区政治、经济和文化中心，东平陵城曾养育和造就了一批历史风流人物。除了王莽、曹操以外，还有位名人叫终军。据史料记载，终军，字子云，公元前133年生于济南郡。少年时代，终军刻苦勤奋、好学上进，以博闻强识、能言善辩、文笔优美而闻名于郡中。18岁时，他被举荐为博士弟子，赶赴京师。当路过函谷关时，守关吏卒交给他一件帛制的"繻"。终军起初不识此为何物，当他得知这是一个返回过关的凭证时，慨然掷之于地，自信地说："大丈夫西游，终不复还。"守关吏卒惊得目瞪口呆。到达京师长安后，终军以上书称旨官拜"谒者给事中"，奉命巡视东方郡国。当他骑着高头大马、手持朝廷符节再过函谷关时，守关吏卒认出他正是上次扔掉过关凭证的青年，叹服其志远才高。

当时，正值汉武帝在位，虽然天下局势基本稳定，但南越尚未平定，动乱不堪，成为武帝的一大心病。南越是居住在今岭南地区的少数民族建立的国家，其实早在秦朝时就已置郡，归附内地。但当时的郡守赵陀野心勃勃，趁秦末战乱之机，自立为王，脱离了中央的管辖。西汉初年，迫于汉王朝的势力，赵陀表示臣服，汉王朝也将南越当作诸侯国看待。但好景不长，由于不满汉王朝的某些政策，赵陀很快又宣布脱离汉王朝，并自称皇帝，发兵攻掠汉边地。汉文帝在位时期，曾派陆贾出使南越，试图说服赵陀除去帝号，恢复与汉王朝的关系，但未果。到汉武帝执政时，为加强与南越的关系，使其归顺汉王朝，仍想派使节出访南越，以召南越王和王太后入朝为人质，以绝边患。可想而知，此次出访危险性极大，极易被南越王认为是故意挑衅而丧命。得知这一消息后，为了国家的安定和平，终军主动挺身而出，上书自荐，甘愿出使南越，并豪情万丈地对汉武帝说："请给我一根长绳子，我一定捆住南越王把他送到朝廷来。"汉武帝因此对终军非常赏识，派其出使南越。公元前113年（西汉

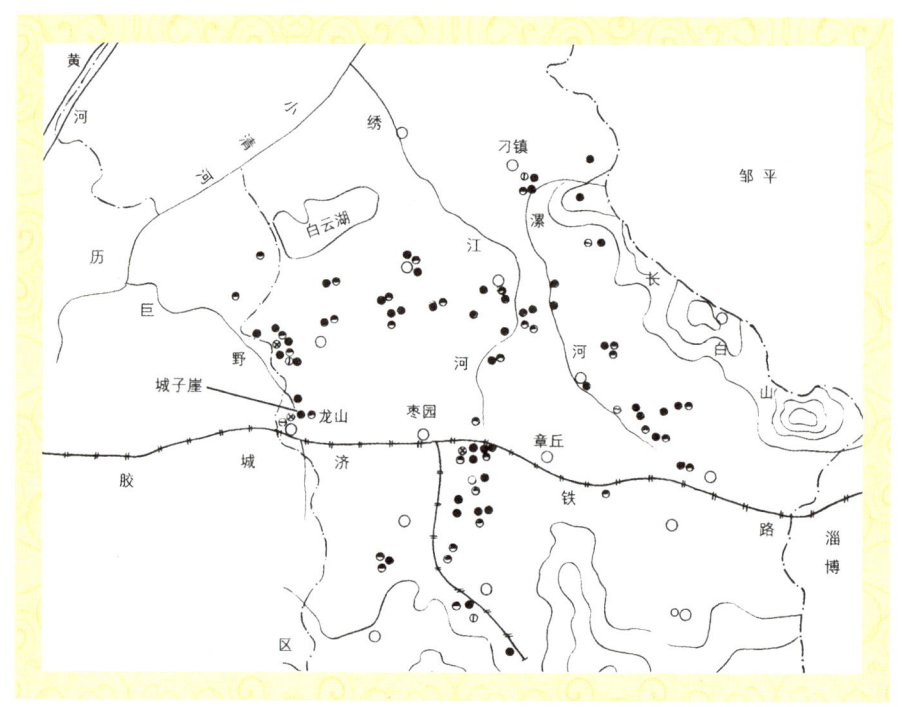

章丘古文化遗址群示意图

元鼎四年），抵达南越的终军不负众望，终于成功说服了南越王归附汉朝，但南越丞相吕嘉极力反对。公元前112年（西汉元鼎五年），吕嘉起兵叛乱，不仅杀死了南越王，还将包括终军在内的汉朝使者全部斩杀。终军死时年仅20余岁，时人称之为"终童"。据《济南府志》记载，终军死后归葬济南。从此，这位生于济南的西汉外交家、爱国英雄的美名，便随着"终军请缨"的典故而永远载入了史册。

东平陵故城虽然辉煌，但也只是龙山镇数千年文明发展史上的一段，仅代表着龙山自春秋时期至唐代的文明发展历程。其实，在春秋之前，龙山镇就早已步入文明社会了。西河遗址、焦家遗址、城子崖遗址等都是其文明萌芽和起源阶段的重要见证。

西河遗址位于章丘区龙山街道办事处龙山三村西北部的平原上，呈缓坡状隆起，周围渐低。由于该遗址西部和北部为巨野河支流——西河所环绕，故此得名。该遗址东西长约500米，南北宽约350米，面积约16万平方米，文化堆积厚约2—3米，为全国重点文物保护单位。该遗址于1987年文物普查时被发现。1991年7—8月，山东省文物考古研究所对该遗址进行了抢救性发掘，开探方15个，发掘面积450平方米，发现房址、墓葬、灰坑等遗迹和大量陶器、石器、骨器等遗物。1997年8—9月，山东省文物考古研究所又对该遗址进行了第二次抢救性考古发掘。此次发掘面积1 350平方米，清理了距今8 000年左右的新石器时代早期的一批房址、灰坑等遗存，从中出土的陶猪、陶鸟、陶面塑像，造型逼真，是我国较早的手工艺品。山东省文物考古部门的数次发掘和研究表明，该遗址的主要文化遗存为新石器时代较早时期的后李文化，还有少量大汶口文化、龙山文化以及部分汉唐时期的遗迹和遗物。经研究，该遗址的年代距今约9 000年至7 700年，是山东地区目前发现的时代最早的考古学文化遗存，填补了山东地区旧石器时代向新石器时代过渡阶段的空白。该遗址的发掘对于研究山东地区新石器时代早期考古学文化面貌、年代分期、经济生活、社会状况、房屋建筑、聚落形态等均具有重要意义。

焦家遗址位于章丘区龙山街道办事处焦家村西约800米处，总面积超过

100万平方米，文化堆积厚约2.5米。该遗址于1987年文物普查时被发现。1990年，山东省文物考古研究所对该遗址进行了试掘，出土了一批石器、陶器、鹿角、蚌壳等遗物，时代分属于大汶口文化、龙山文化、岳石文化和商代。1992年，该遗址被公布为山东省第二批重点文物保护单位。2016年至2017年夏，山东大学考古与文博学系和龙山文化博物馆两次联合发掘该遗址，合计发掘面积约2 170平方米，发现了极为丰富的大汶口文化遗存，包括1圈城墙和壕沟、218座墓葬、116座房址、1座陶窑等。另外，在发现的974座灰坑中，还包括少量龙山文化、岳石文化和汉代的灰坑。其中，大汶口文化晚期阶段的城墙和壕沟遗存的发现，应是此次考古发掘的最重要收获。可以说，焦家遗址应是目前所发现海岱地区遗址中年代最早的城址，从而为龙山时代诸城林立的盛况找到了本地源头。此外，一批大型墓葬的发现和大量大汶口文化玉器、白陶的出土，也昭示了在大汶口文化中晚期阶段，焦家遗址是鲁北地区具有政治、经济和文化中心意义的重要遗址。该遗址的发掘填补了鲁北地区大汶口文化中晚期阶段居住形态研究的空白，对于探讨鲁北地区聚落结构和人地关系、深化中国东部地区的文明起源和形成研究等均具有重大意义和价值。

通过对西河遗址和焦家遗址的介绍可知，西河遗址的龙山人仍处于原始生活状态，焦家遗址的龙山人才刚刚看到文明的曙光。而真正步入文明社会阶段的龙山人，应是曾生活在城子崖遗址的先民。

在章丘区龙山镇（现为龙山街道办事处）东部的武源河畔有一片长方形的台地，因地势隆起，宛如城垣，故被称为"城子崖"。此地风景秀美，土地肥沃，北与烟波浩渺的白云湖相望，南与苍翠绵亘的群山为邻。从地理位置上看，此地西距西河遗址仅有1.6公里，北距焦家遗址也不过5公里，处于古代文化发展底蕴极其深厚区域的核心地带。

那么，该遗址是于何时被何人发现的呢？其文化内涵如何，见证了怎样的一段文明发展历程？该遗址的发掘和研究又有何意义和价值呢？请随笔者穿越时空，开启探寻之旅吧。

JINAN 济南故事

第二章

六访龙山古迹现

吴金鼎

让我们将时光拨回到90多年前的一个春天。

1928年3月24日凌晨,春寒料峭,乍暖还寒。虽夜色未消,但住在齐鲁大学(今山东大学趵突泉校区)一间宿舍里的两位年轻小伙儿却早早起床了。他们随便吃了些早餐,便径直去济南北关坐上了一列东去的火车。这两位年轻人,一位名叫吴金鼎,另一位是崔德润,两人是好朋友,打算前往章丘龙山镇考察一片神秘的土地。那么,吴金鼎和崔德润为何要到访龙山镇呢?他们到底要考察什么呢?

原来,当时吴金鼎正在齐鲁大学任教,他曾经在清华大学国学研究院跟随著名考古学家李济先生攻读人类学专业,所以对田野考古兴趣浓厚。从清华大学毕业后,有志于为家乡的考古事业做贡献的吴金鼎便回到母校齐鲁大学任教。除了做实地考察以外,他还经常翻阅相关史料。在翻阅《济南府志》和《历城县志》时,他发现济南当地一座已被废弃的平陵古城竟然有着许多神奇的传说,这激发了他的好奇心,引起了他的兴趣。于是,他决定找个机会亲自去探访一下。机缘巧合,过了不久,他的朋友崔德润来到齐鲁大学。说起平陵古城,崔德润也有所耳闻并饶有兴趣,愿陪他一起去探访古城遗址。就这样,二人于1928年3月24日一大早,兴冲冲地搭上了东去的列车。大约一个半小时后,他们到达了平陵古城遗址的所在地——龙山镇。随后,他们找到当地一位小学教师张绳五当向导,一起前往古城遗址。

这座古城虽早已被废弃,城墙也毁坏殆尽,但通过残存的城基仍可以看出其宏大的规模。他们在城址中四处搜寻,却只捡得一些砖瓦碎片。突然,在一条土沟里的一堆残砖乱瓦中,吴金鼎发现了一块厚石片。此物上面雕刻有多个圆圈图案,经过仔细分辨,竟然是一件用于铸造五铢钱的汉代钱范。吴金鼎不由得一阵狂喜,忍不住大叫起来。本想再继续搜寻一番,看看还能发现什么

"宝贝",怎奈天色已晚,吴金鼎和崔德润只好辞别张绳五,恋恋不舍地乘车返回齐鲁大学。虽然此行收获不大,但还是令吴金鼎感到惊喜,他对平陵古城遗址愈加惦念了。

于是,1928年4月4日,吴金鼎独自一人再次来到了龙山镇。正是这次龙山访古,因一次偶然发现,让他名扬四海,也令龙山震惊天下。本来,吴金鼎此次来龙山还是为了探访平陵古城遗址,所以他仍然找到张绳五当向导,但遗憾的是,他们在古城遗址几经搜寻后并未有新的发现。返程途中,当他们二人走到村北,站在高地上往镇东望时,看到在武源河畔有一个小城垣状的台地。张绳五向吴金鼎介绍说,那是城子崖,俗称"鹅鸭城"。吴金鼎心生疑惑,不解地问:"老百姓养鹅养鸭何须用城?"张绳五笑道:"那可不是普通老百姓养鹅鸭的地方。相传,在唐朝初年,唐太宗李世民的五儿子李祐被封为齐州都督,龙山一带也属于他的辖区。李祐骄奢淫逸,不务正业,尤为喜欢斗鹅、斗鸭,因此让人在城子崖这个地方养了许多善斗的鹅、鸭,于是老百姓就讽刺此地为'鹅鸭城'。"吴金鼎听后觉得甚为有趣,决定临时改道,去城子崖一探究竟。他沿崖南行,却没想到发现崖上的红土、灰土分层明显,堆积较厚,土里夹杂有陶片、贝壳、动物骨头等,并且在断崖上还发现有火烧的痕迹。经过一番仔细搜寻,他仅找到了两枚粗糙的骨锥,并未

齐鲁大学

城子崖遗址全貌

在土层中发现金属器、瓷器等遗物及碎片。凭借知识积累和专业敏感,吴金鼎觉得这个遗址比平陵古城遗址年代要久远得多。根据种种迹象,他推断这个遗址应为一座新石器时代的村落。此后,他暂时放下对平陵古城的勘察和研究,转而探索神秘的城子崖遗址。

1929年7月31日,吴金鼎又踏上了城子崖这片神秘的土地,这是他第三次到龙山镇访古。此次,吴金鼎对该遗址进行了试掘。他在距台地顶部一丈二尺的崖壁上凿了一个斜洞,没想到只挖了约半尺深,就发现了一件完整的石斧。次日,他又对该遗址进行了全面勘察。他发现,遗址中土层的颜色除了红色就是灰色,包含物以陶片居多,也有一些骨头、贝壳、石器等,还有取火的痕迹。单从陶器来看,在该遗址的最下层发现了一种油光发亮的黑色陶片。吴金鼎推测,这种油光黑陶或许就是城子崖遗址所蕴含文化的典型特征,这明显不同于此前国内发现的以彩陶为特征的仰韶文化。

为了进一步探明城子崖遗址的文化内涵,吴金鼎于同年8月12日第四次前往龙山,此次一待就是五天。几天内,他绕着城子崖遗址四周进行了全面而彻底的勘察,周围七八里的区域内都留下了他的足迹。最后,他对遗址周边各区域的年代做了大致推测。他认为,城子崖遗址及孙家庄南崖的灰土层为年代最古层;龙山镇东大道沟两崖及东北大道沟北崖所包含的灰土层年代稍晚些;而镇西直至西河皆属较晚的文化区域,年代距今不远;镇北大沟所包含的文化层,年代较镇西要早。

同年9月28日,已被城子崖遗址深深吸引的吴金鼎第五次来到了龙山。这次,他在遗址中部一片明显被水冲刷的区域内,捡到了一把完整的石刀和一把带孔的半块石刀以及一些陶片。当地农民告诉他，这个地方处于"鱼脊骨"上，石块较多。在征得农民同意后，他在田里东西两边各挖了一个五六尺长的坑，从中发现的石器、骨器、陶片等与地面所采集的相同。此次，城子崖遗址的神秘彻底征服了吴金鼎。回去后，他立下誓言，将来一定要揭开城子崖遗址的"面纱"，彻底弄清该遗址所蕴藏文化的内涵。

同年10月9日，已"走火入魔"的吴金鼎又来到了城子崖遗址，这是他第六次访龙山。这次，他又对该遗址进行了尝试性发掘。他采取以前惯用的"向壁深凿法"，在大道旁东西两台的最高崖壁上进行凿洞。每获一物，他都记下离地的深度以及其在遗址中的位置。功夫不负有心人，这次他收获颇丰，获得了比较完整的石斧、石凿、油光黑陶杯，还有一些陶片、残碎石器、骨头、贝壳等。他心满意足，满载而归。至此，神秘的城子崖遗址和龙山文化开始向世人展现出真容。

这正是"金鼎六次访龙山，古迹真容终显现"。

正是由于吴金鼎的偶然发现和坚持不懈的考察、探索，使得历史的夜空中又升起了一颗璀璨的明星——龙山文化，这不仅改写了中国文明发展史，也成为世界文明发展史上的重要一环。鉴于吴金鼎对龙山文化的发现之功和对中国考古学的突出贡献，笔者觉得有必要对这位一代考古学大师的身世和人生经历做个简要介绍。

吴金鼎，字禹铭，1901年（清光绪二十七年）生，山东省安丘县宋官疃镇（现已并入景芝镇）万戈庄人。出身于农耕世家，幼年家贫，父母无力供其上学。幸而得到富有远见的外祖母的支持和资助，年幼的吴金鼎得以求学，先后就读于安丘德育小学、潍县广文中学（今潍坊二中）。吴金鼎深知机会难得，故发奋刻苦，终于在1919年考入齐鲁大学文理学院历史政治学系。

1926年，吴金鼎怀着"知识救国"的宏图大志，刻苦深造，又考取了清华学校（今清华大学前身）国学研究院。他师从中国近代考古学的开拓者、中央研究院历史语言研究所考古组主任李济先生，系统攻读人类学专业，从而爱上考古工作，并确定了毕生从事考古的志向。

1927年，吴金鼎完成清华学校国学研究院的课程，但因没有完成毕业论文，故未取得毕业证书。同年，他离开清华，返回母校齐鲁大学任助教，并开始在山东地区进行考古调查工作。

1928年3月至1929年10月，吴金鼎先后6次前往山东省章丘县龙山镇做考古调查，发现了以黑陶为代表的龙山文化遗存，进而舍弃对平陵古城遗址的研究，确定中国新石器时代文化为其学术研究的专攻方向。1930年，吴金鼎在《国立中央研究院历史语言研究集刊》第一本上发表《平陵访古记》一文，记录了他6次探查龙山古代遗址的经过和重要考古发现。之后，经过对城子崖遗址的数次发掘和系统研究，将其命名为"龙山文化"。这一发现、发掘与命名，在中国乃至世界考古史上有着划时代的意义。

1930年，吴金鼎获聘任国立中央研究院历史语言研究所（简称"史语所"）助理员。1930年秋，史语所派他前往山东东部距章丘龙山约60里的临淄地区进行考古调查。他在临淄发现的一些石器和黑陶碎片，竟然与龙山镇城子崖遗址出土的遗物属于同一种类型，于是论证黑陶的发现并不仅限于龙山一处。同年10月18日，他与其师李济一同视察龙山遗址，此后"黑陶文化"被学术界广为重视。同年11月7日至12月7日，他与李济、董作宾、郭宝钧、李光宇、王湘等人展开了对龙山镇城子崖遗址的第一次正式考古发掘工作，发现了大批黑陶和卜骨。

1931年2月2日至5月12日，吴金鼎与李济、董作宾、梁思永、郭宝钧、刘屿霞、李光宇、王湘、周学英等参加了河南安阳殷墟的第4次考古发掘，获字甲751版、字骨31版，共782版，兽骨刻辞1件，器物共二百余箱，并在小屯村北发现殷人居住的洞穴。

1932年4月1日至5月31日，吴金鼎与李济、董作宾、刘屿霞、王湘、周英学、李光宇等再赴安阳殷墟进行第6次发掘，获得字骨1版，发现可分三期的建筑遗迹、房基和完整的殷代炉灶，以及陶、骨、石、蚌等各类器物百余箱。同年冬，他再于津浦铁路临城车站附近发现一处出土黑陶和石器的古代遗址。

1933年7月，吴金鼎获山东政府的奖学金，入英国伦敦大学研究院，师从叶慈教授修读博士学位。同年冬，他跟从英国的埃及考古学泰斗彼特里教授在巴勒斯坦做考古发掘工作。

1934年，吴金鼎与傅斯年、李济、董作宾、梁思永、刘屿霞合著的田野考古报告集《城子崖》出版。该书是我国早年关于"龙山文化"的一部重要发掘和研究报告，揭开了中国远古文化的根源之谜。它以大量的实物资料证明中国远古文化源于本土，有力地粉碎了"中国文化西来说"的谬论，引起了全世界的瞩目，并得到了公认，为确立史书无载的中国史前文化的面貌奠定了坚实的基础，成为中国考古学史上永恒的坐标和不朽的丰碑。

1935年，吴金鼎获伦敦大学中国委员会奖助金，于夏季返回中国考察最新出土的陶器，特别是数量达数万片的史前陶器。同年10月，他在英国伦敦完成《高井台子三种陶业概论》一文。该文于1936年发表在史语所专刊之十三《田野考古学报告》第一册上。文中说明高井台子遗址内包含类似积累的三叠文化层，上层为灰陶，中层为黑陶，下层则为彩陶。

1937年，吴金鼎获伦敦大学博士学位，并于同年离英归国。1938年，他的博士论文《中国史前陶器》（英文版）在伦敦出版发行。此书成为当时关于中国史前陶器的最为详尽的著作，是世界各国学者研究中国史前陶器及考古学的必备参考书。吴金鼎学成回国时，时值日本侵略军大举入侵，田野发掘工作极度萎缩，考古队伍遭到严重摧残，中国考古学面临极为艰难的局面。他先被李济安排在国立中央博物院筹备处任专门委员，后应傅斯年邀请，重回历史语言研究所工作，担负起了领导西南地区田野调查和发掘的重任，成为史语所年轻一代的学术中坚。

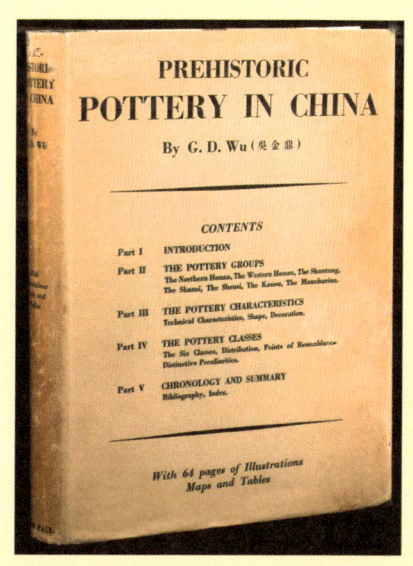

《中国史前陶器》

1938年11月15日至1940年6月，吴金鼎与曾昭燏、王介忱（吴金鼎的夫人）到云南大理和洱海境内做考古工作。史语所与国立中央博物院筹备处及中国营造学社联合组成"苍洱古迹考察团"，吴金鼎任团长，负责调查苍山、洱海一带的史前遗迹。调查期间，他们先后发现了32处遗址，并主持发掘了马龙、清碧、佛顶甲、佛顶乙、中和、龙泉、白云等多处遗址，之后撰写了《云南苍洱境考古报告》一书，从而奠定了西南地区史前考古学的基础。值得一提的是，此次发掘成员中有两位女性——吴金鼎的夫人王介忱女士和留学英国的曾昭燏小姐，这是女性考古学家首次在中国从事田野发掘，所以此次发掘也开了一个先河，即"女性考古"。

1941年，吴金鼎任史语所副研究员。史语所与国立中央博物院筹备处及中国营造学社又联合组成"川康古迹考察团"，到川康境内进行考古调查，仍由吴金鼎任团长。同年春至1942年12月9日，他与夏鼐、曾昭燏、高去寻、陈明达、王介忱等人先后探明了900多座汉代崖墓，并发掘了寂照庵、石龙沟、丁家坡、豆芽坊沟、李家沟、王家沦、寨子山、陈家土扁等多处遗址和墓葬，共发掘汉代崖墓77座、砖室墓2座，阐明了四川地区特有的一种墓葬制度。

1943年春，史语所与国立中央博物院筹备处、四川省立博物馆及中国营造学社（当时已经成为博物院之一部）联合组成"琴台整理工作团"，吴金鼎再次出任团长，主持成都抚琴台前蜀高祖王建墓"永陵"的第二阶段发掘。自3月1日至9月21日，他们探明了永陵的墓道及地宫，清理了前室和中室，并判定其年代下限为唐末五代，可谓成果丰富，成绩辉煌，对于五代十国时期的王陵建筑和艺术研究做出了卓越贡献。

琴台发掘工作结束后，吴金鼎在成都整理发掘报告，但国内经济状况和政治形势已严重恶化。在国破民穷的情形下，强烈的家国情怀和责任感，促使吴金鼎决意弃笔从戎，参加抗战。即使傅斯年再三挽留，也没能改变他的心意。1945年，吴金鼎加入军事委员会战地服务团，任四川新津美国空军第2招待所主任，为美国空军在华对日作战提供后勤保障。但是，傅斯年没有允许吴金鼎辞职，而是给了他5个月的假，可期满后战局仍未结束，吴金鼎不得

国立中央研究院历史语言研究所旧址

不再三请假。其实,吴金鼎在繁忙工作之余,仍然不忘读书和从事他心爱的考古研究工作。

1945年8月,抗日战争取得胜利,吴金鼎也解除军职。他本来打算回史语所继续从事其热爱的考古工作,但母校齐鲁大学向他发出了邀请,请其协助学校复员之事。1946年3月,吴金鼎在重庆参加教育部召集的全国各大学复员会议,最后接受其母校齐鲁大学的邀请,返回济南,主持学校复员之事。在校内,他先后担任文学院院长、国学研究所主任,兼任校长室西文秘书、训导长、图书馆主任等职,工作烦琐而忙碌。他在担负的各项工作上都有出色表现,为齐鲁大学贡献良多。

在齐鲁大学任职期间,吴金鼎仍不忘田野考古,亲自带领学生在济南附近做史前遗址调查,并出版新著《山东人与山东》。他还亲自编写考古学讲义,讲授《田野考古学》,培养考古人才。其实,吴金鼎还是非常怀念在历史语言研究所做的纯粹性考古研究工作,梦想有朝一日还能返回田野考古工地。著名考古学家夏鼐曾说:"在中国考古刚刚发轫的时代,像吴金鼎这样正统派的田野考古学家，尤为需要，只有多做田野工作，多发现新材料，然后才能进一步做切实可靠的综合工作。"不过令人遗憾的是，直至去世，吴金鼎再也没机会参与田野考古发掘工作。

正当吴金鼎不遗余力地培养考古人才的时候，却因劳累过度患胃癌入北平协和医院就医。由于病入膏肓，无力回天，返回济南不久即于1948年9月18日在齐鲁大学辞世，终年48岁。《中国大百科全书·考古卷》中称他是最有成就的现代考古学家之一。

通览吴金鼎先生的一生，虽然短暂，但却辉煌，正如昙花一现，闪出了耀眼的光辉，留住了永恒的美丽。龙山文化、城子崖遗址已与他的名字融为一体，将永远铭刻在中国历史和世界文明发展的丰碑上，深深印入世人的记忆里。

无论未来世事如何变迁，每当有人提起"龙山文化"，也许都会想到当年那位6次去龙山访古的年轻人。正是由于他那次的偶然发现，成就了他与龙山文化的美丽邂逅，才得以让埋藏在地下4 000多年的古文明重见天日，轰动世界，正所谓"千载沉睡无人知，一朝醒来惊天下"。虽然不能说没有吴金鼎就一定没有龙山文化的发现，但历史的机缘却使具有丰富考古知识和田野经验的吴金鼎成为发现龙山文化的第一人。正如作家岳南在《南渡北归》第十一章第二节中所说："不能说没有吴金鼎就一定没有龙山文化的发现，但至少这个发现要晚一段岁月，而晚些岁月发现、发掘的城子崖遗址，在中国乃至世界考古史上是否还占有如此重要的地位，并具有如此广泛的影响，则是无法想象的。"

吴金鼎一生的志向是为中国文化找寻源头，他对考古事业的热爱和执着值得后人学习，他对中国历史研究的贡献值得世人敬仰。虽然他没有后代，但却留给人们一笔珍贵的文化遗产和精神财富。

JINAN 济南故事

第三章

圣地之光耀天下

吴金鼎先后6次到龙山镇访古后,将在城子崖遗址的重大发现向其师李济先生做了汇报,很快引起了国立中央研究院历史语言研究所的极大关注和高度重视。国立中央研究院成立于1928年6月,首任院长为蔡元培,是当时中国最高的学术机构。同年10月,历史语言研究所经过大半年的筹备也宣布成立,傅斯年任所长。该所初设历史、语言、考古三个组,分别由陈寅恪、赵元任、李济任主任,1934年又增设第四组——人类学组。史语所的成立,标志着中国有了国家考古机构。当时,中国学者正饱受"中国文化西来说"的困扰,一直在河南安阳殷墟苦苦寻找中国文化的本源。听闻东方海岱地区又有了新的重大发现,他们又惊又喜。怀着对中国文化源于本土的坚定信念,也为了暂避当时爆发的中原战乱,中国第一代考古学者从中原大地辗转到黄河下游,决定对新发现的城子崖遗址进行正式发掘。其实,在此之前,中国的考古工作基本上都是由外国人倡导或主持进行的;而这次,他们即将开创中国人独立主持发掘国内古代遗址的新历史,开拓中国近代考古学的新局面。

1930年11月5日,山东古迹研究会在济南成立,负责历城县龙山镇(今属章丘区)城子崖古文化遗址的发掘及以后山东地区的考古工作。该研究会由国立中央研究院和山东国民政府共同组成,中研院史语所所长傅斯年任委员长,委员有李济、董作宾、郭宝钧、王献唐、杨振声、刘次箫、张敦讷等人,其中后四人为山东一方的委员。同年11月6日,中研院史语所考古组组长、山东古迹研究会田野工作部主任李济带领董作宾、郭宝钧、吴金鼎、李光宇、王湘等5人急切地赶赴龙山镇。次日,城子崖遗址的田野考古发掘工作正式开始。此次发掘由李济主持,一直持续到同年12月7日,现场发掘才结束。在本次发掘中,发掘工人共36名,每6人一组,编号分队,佩戴徽章,统一指挥。发掘坑以长10米、宽1米为一基本单位,发掘坑编号用序数命名法。在发掘过程中,有专人做地层观察和出土器物记录,有重要者,测量其坑中位置与深度,并绘图、摄像,回到室内后再进行洗刷、编号、登记、统计、装箱等一系列工作。经过一个多月的努力,考古队共发掘遗址面积440平方米,移土约1 400立方米,共采集文物标本23 878件,仅陶器及残破陶片就有2万多件,其中不少为薄如蛋壳的黑色陶片，还有石器、骨角蚌器等。经研究，考古工作者确定这批出土文物所反映的古文化年代应在距今4 000年左右，便以发现地命名为"龙山文化"。值得一提的是，城子崖遗址的发现者吴

1930年城子崖遗址南面

金鼎当时作为史语所助理员也全程参加了这次考古发掘工作，由此开始了其人生理想的第一步。

发掘结束后，出土文物被运回济南，由吴金鼎负责保管与整理。吴金鼎用一个多月的时间完成了《龙山城子崖实物整理报告书》，报告了"整理工作之经过""整理期间所得之印象""研究问题之提出"三项田野资料整理内容。返回北京后，李济、吴金鼎等又着手撰写发掘报告，至1931年8月，才完成发掘报告初稿。应该说，这次发掘虽然历时短暂，但却取得了一系列重大成果。此次发掘开启了中国人独立主持田野考古发掘的新时代，成为中国考古学史上一座不朽的丰碑和永恒的坐标。考古工作者在此地不仅唤醒了沉睡4 000余年的古文明，而且还首次发现了史前中国城市遗址，从而使城子崖遗址获得了"中国考古圣地"的美誉。

1931年春天，吴金鼎又参加了河南安阳殷墟后冈遗址的发掘。此次发掘的主持者梁思永是第一位在西方受过田野考古训练的中国学者。在后冈遗址，梁思永、吴金鼎意外地发现了与城子崖遗址所出土类型相同的黑陶遗物，并运用考古地层学方法，划分了小屯、龙山、仰韶文化遗存从上到下堆积的"三叠层"，找到了解决中国史前历史之谜的钥匙。安阳后冈遗址黑陶遗存的发现，表明以黑陶文化为典型特征的龙山文化分布十分广泛，城子崖遗址可谓揭秘中国古代历史和探寻中国古代文化的重要遗址。因此，中研院史语所决定暂缓编

龙山文化 古城文明溯源流

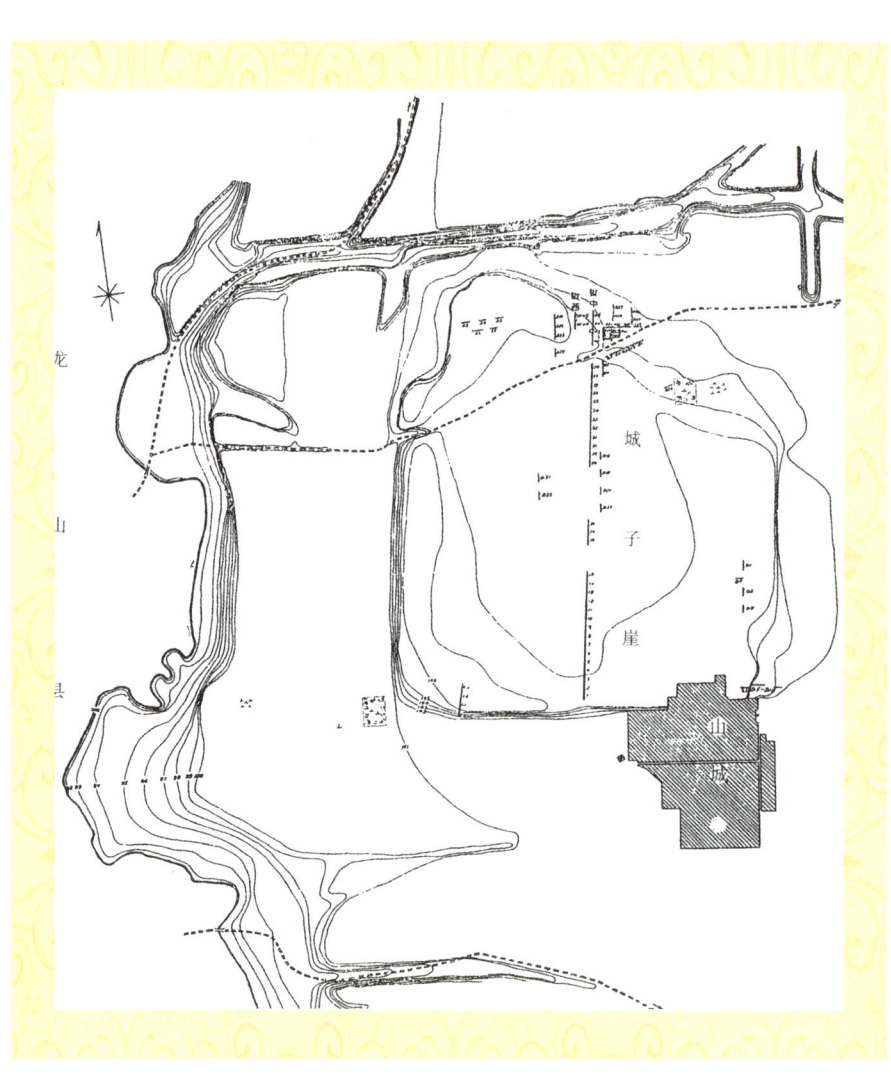

龙山镇城子崖遗址发掘图

印城子崖遗址发掘报告，重返城子崖遗址进行更大规模的发掘。

1931年10月9日，城子崖遗址第二年度的发掘开始。此次发掘历时21天（至10月31日），共开探沟约90条，合计发掘面积1 900余平方米。梁思永主持了本次发掘，参加发掘工作的还有吴金鼎、刘屿霞、王湘、刘锡曾、张善等以及48名民工。在此年度的发掘中，梁思永改进了发掘工人的组织方法。他将在美国所学依照土质、土色、包含物的不同而划分地层的方法引入国内，在发掘工作中初步运用了考古地层学原理，绘制了中国考古学历史上最早的地层图。他采用面袋包装文物，出土物按照层位标明地点和记录统计，还按坑位和层位进行活页式登记，便于整理时翻阅。

田野考古发掘工作是十分辛苦的。据说，在此次发掘后期的某一天，一场突如其来的大雨将一些已挖到一米多深的探坑灌满了水。虽然天气渐冷，但是为了保护文物，避免重要历史信息丢失，主持发掘的梁思永丝毫不敢耽误时间，他很快向老乡借来水桶，决定将探坑中的积水排干。他率先跳入浑浊而冰冷的水坑中，将雨水一桶一桶地提出，然后又蹚着泥浆，用手一点一点地进行挖掘和清理。就这样，考古队才保证了发掘工作的后续开展和圆满完成。

虽然此次发掘的过程十分艰辛，但收获颇丰，成果十分显著。最令人欣喜的是，在该遗址中也发现了"三层文化叠压现象"，即自上而下为周代文化层、岳石文化层、龙山文化层相互叠压。可以说，这是一次具有里程碑意义的重大发现，为中国历史画卷增添了浓墨重彩的一笔，在中国考古学史上留下了精彩厚重的一页。

以上两个年度的考古发掘，算是对城子崖遗址的第一期发掘。城子崖遗址

城子崖遗址"三城叠压"地层图

的考古发掘是中国国家学术机构、中国考古学者首次对史前遗址进行有计划、有目的的大规模发掘，也是中国考古学史上最早的、比较科学的发掘。本期发掘，最重要的收获是发现了与彩陶文化截然不同的黑陶文化，使一个以磨光黑陶为主要特征的新石器时代文化遗存，在沉睡了4 000多年之后又重新展现在世人面前，不久即以其所在地龙山镇而被命名为"龙山文化"。可以说，本期发掘充分展示了中国考古工作者掌握和运用地层学与类型学的水平和能力。发掘者详细记录了地层、土质、土色等情况，注意到不同土层的堆积状态，仔细分辨了叠压关系和打破关系，准确区分了周代灰陶层和史前黑陶层，完整地清理出了青铜时代的墓葬和窑址，精确地绘制了坑位剖面图。总之，城子崖遗址的发掘为中国史前考古的发展铺垫了重要基石，推翻了"中国文化西来说"，使城子崖遗址无愧于"中国考古圣地"的称号。

第一期田野考古发掘工作结束后，李济、梁思永、董作宾、吴金鼎等人都参加了城子崖遗址出土遗物的整理工作，并于1932年3月完成报告编写。1934年，《城子崖：山东历城县龙山镇之黑陶文化遗址》发掘报告出版。

该书作为中国第一部田野考古发掘报告专集，算是田野考古发掘报告的"首秀"，开创了中国田野考古专刊的基本体例。

该书的总主编为李济，执笔者有傅斯年、李济、董作宾、梁思永、吴金鼎等七人。报告全文约10万字，图版54版（包括照片及线图两种），插图10幅，另有彩色版卷首图1幅，全文英译附其后。正文之前有傅斯年、李济撰写的序各1篇。正文共分7章：第1章由吴金鼎与郭宝钧共同执笔，介绍城子崖遗址的发现及其发掘经过；第2章由吴金鼎执笔，介绍城子崖遗址的地层构成；第3章由吴金鼎与梁思永共同执笔，介绍城子崖遗址的建筑遗留；第4章由吴金鼎执笔，介绍城子崖遗址出土的陶片；第5章由郭宝钧与董作宾共同执笔，介绍城子崖遗址出土的陶器；第6章由吴金鼎与梁思永共同执笔，介绍城子崖遗址出土的石器、骨器、角器、蚌器及金属制品；第7章由梁思永执笔，介绍城子崖遗址的墓葬与人类、兽类、鸟类之遗骨及介类之遗壳。报告最后为附录，由董作宾执笔。而文中的大部分照片、测绘图、遗迹遗物线图等则多由刘屿霞拍摄

《城子崖》报告书影

和绘制。

从中可以看出，城子崖遗址的发现者吴金鼎对于这部报告集的贡献是最大的。正如李济在该报告的序言中所言："初稿大部分是吴金鼎君预备出来的，他是城子崖的发现者，田野工作他费力很多，屋内工作及报告草稿也费时最久。他的初稿交到梁思永先生手中的时候，比现在要多一倍以上，可见他用力之勤了。"这番话充分肯定了吴金鼎的努力。正是这份努力，不仅培养了吴金鼎对史前陶器的浓厚兴趣，更为后来的田野发掘和室内整理工作打下了坚实的基础。总之，吴金鼎不仅首先发现了城子崖遗址，而且还全程参与了对该遗址的前后两次发掘，又凭借其深厚的专业知识积累和扎实的研究功底，对这部田野考古报告集倾注了大量心血，从而使其成为中国考古学史上的一座界标和里程碑。

有意思的是，《城子崖》在1934年出版时被印制成"平装本"和"精装本"两种版本。二者虽内容相同，但在用纸、封面、定价等方面则大相径庭。平装本比较单薄，定价"国币八元"；而精装本则用纸考究，纸张较厚，封面为布面精装，贴有烫金的"城子崖"三字，售价"英金三磅"。从中可以看出，平装本主要是面向国内普通民众发行的，而精装本则是推向国际市场的。据说，精装本在当时是被作为国礼赠送外宾以宣扬中华文化的，毕竟该书是中国学者的第一本正式考古发掘报告，所以出版社也是格外用心。

从总体来看，《城子崖》一书的主要内容包括城子崖遗址的发现和发掘过程、发掘城子崖遗址的原因和目的、城子崖遗址的文化堆积情况及出土遗物等。它使学术界第一次比较全面地了解到除仰韶文化之外，中国还存在过一个以黑陶为特征的文化——龙山文化。其年代虽晚于仰韶文化，但也是中国上古文化史上的一个重要发展阶段，不仅开拓了中国新石器时代考古学研究的地域和时间范围，也使学术界首次获得有关中国史前文化的构成、与殷墟文化的关系等方面的全新认识。尤为重要的是，《城子崖》揭开了中国远古文化根源之谜，以大量实物资料证明中国远古文化源于本土，推翻了当时认为中国没有史前文化和中国文化由西方而来的说法。尽管限于当时的水平,该报告对城子崖遗址的文化分期不太准确,且对黑陶期城垣的年代判断有误,但这并不影响其学术价值,仍为研究龙山文化的经典之作,在中国新石器时代考古学研究与发展史上具有重要地位和非凡意义。正如傅斯年在序言中所言:"这是《中国考古报告集》第一种,又是中国考古学家在中国国家的学术机关中发布其有预计的发掘未经前人之手之遗址之第一次。我以为这是值得纪念的事情。……虽不敢以创新纪元自负,然后来此学之发展,或当承认此一工作为昆仑山下一个长源。"

从报告中可知,前后有李济(第一次、主持)、董作宾(第一次)、郭宝钧(全两次)、吴金鼎(全两次)、李光宇(第一次)、王湘(全两次)、梁思永(第二次、主持)、刘屿霞(第二次)、刘锡增(第二次)、张善(第二次)等10位考古工作者参与了城子崖遗址的田野考古发掘工作。由于成绩的取得均仰仗于当时参与筹备和发掘遗址的这些考古工作者的辛苦付出,所以有必要对这些功臣逐一做简要介绍。

傅斯年,生于1896年3月26日,卒于1950年12月20日,字孟真,山东聊城人,中国近现代著名历史学家、古典文学研究专家、教育家。他是"五四运动"学生领袖之一、国立中央研究院历史语言研究所的创办者,曾任北京大学代理校长、台湾大学校长。在"中国文化西来说"盛行之际,他所提出的"上穷碧落下黄泉,动手动脚找东西"的原则影响深远。他对中国考古学的起源和发展贡献巨大,可谓中国近代科学考古史上的第一功臣。他曾全面领导和主持了河南安阳殷墟遗址和山东济南城子崖遗址的考古发掘工作。有学者甚至认为,没有傅斯年就没有殷墟和城子崖的考古发掘,而没有殷墟和城子崖的考古发掘,就没有现在的中国考古成就。

傅斯年

李济

李济，生于1896年7月12日，卒于1979年8月1日，字受之，后改济之，湖北钟祥郢中人。中国近现代著名考古学家、人类学家，被誉为"中国考古学之父"。1911年，李济考入留美预科学校清华学堂。1918年，官费留学美国，入麻省克拉克大学攻读心理学和社会学。1920年，他获得社会学硕士学位后，转入美国哈佛大学，攻读人类学专业，并获哲学博士学位。1922年，他从哈佛大学毕业，返回祖国，受聘于清华大学、南开大学，任国学研究院讲师。1929年初，他应聘出任国立中央研究院历史语言研究所考古组主任，先后主持并参与了河南安阳殷墟、山东济南城子崖等遗址的田野考古发掘，使得发掘工作走上科学轨道，培养出包括吴金鼎在内的中国第一批水平较高的考古学者。

梁思永，生于1904年11月13日，卒于1954年4月2日，梁启超次子，广东新会人。中国近现代著名考古学家，田野考古学的奠基人之一。他一生致力于考古事业，是中国近代考古学和近代考古教育的开拓者之一，也是中国第一位在西方受过正式田野考古训练的学者。他先后负责黑龙江昂昂溪细石器文化遗址、河南安阳小屯殷墟、侯家庄西北冈殷王陵、高楼庄后冈遗址、山东济南城子崖龙山文化遗址等考古发掘工作，考定了仰韶文化、龙山文化和商文化的相对年代关系。1931年秋，他主持了城子崖遗址的第二次发掘。1934年，他参与执笔的《城子崖》出版，这是

梁思永

我国首次出版的大型田野考古报告集。1948年，他当选为国立中央研究院首届院士。中华人民共和国成立后，他于1950年8月被任命为中国科学院考古研究所副所长。1954年4月2日，长期带病坚持工作的他因心脏病发作在北京逝世，享年50岁，有《梁思永考古论文集》传世。

董作宾，生于1895年，卒于1963年，原名作仁，字彦堂，又作雁堂，号平庐，出生于河南南阳，祖籍河南温县董杨门。中国近现代著名甲骨学家、古史学家，为"甲骨四堂"之一。1928年至1946年，他在国立中央研究院历史语言研究所工作期间，于1930年参与了李济主持的山东济南城子崖遗址的第一次发掘，之后又参与撰写了《城子崖》，并考证了古谭国就在城子崖遗址及其附近。1948年，他被选为国立中央研究院首届院士。1949年以后，他兼任台湾大学教授。1963年，病逝于台湾。

郭宝钧，生于1893年，卒于1971年，字子衡，河南南阳人。中国近现代著名考古学家。1928年，他以河南省教育厅代表身份，协助董作宾对安阳殷墟进行首次考古发掘。1930年至1931年，他先后两次参加了史语所在山东济南城子崖遗址的考古发掘，并参与合编了《城子崖》一书。1949年后，他调任中国科学院考古研究所，为首届中国史学会理事，兼任北京大学研究生导师。

李光宇，生于1904年或1905年，卒于1991年，字启生，湖北钟祥人，为李济先生的远房侄子。他曾先后参加山东济南城子崖遗址的第一次考古发掘工作和河南安阳殷墟的第四、六、七、八、十、十一、十二次考古发掘工作。抗战胜利后，他随史语所回到南京。1949年去台湾，任史语所考古组保管部主任。

王湘，生于1912年，卒于2010年，字元一，河南南阳人，为董作宾先生的表弟。他从1928年10月起，先后参与了河南安阳殷墟的第一、二、三、四、五、六、十一、十三、十四、十五次考古发掘工作，是著名的殷墟"YH127"灰坑的主要发掘者。1930年至1931年，他参加了山东济南城子崖遗址的两次考古发掘工作。1934年，他主持了山东日照沿海地区的考古调查，与祁延霈一起发现了包括两城镇遗址在内的9处龙山文化遗址。此外，他还主持调查了安徽寿县地区的先秦遗存，参与了河南山彪镇、琉璃阁、大赉店等墓地和遗址的考古发掘工作。

刘屿霞，毕业于福中矿务大学，为史语所公开招募的绘图员。1931年，他参与了由梁思永主持的城子崖遗址的第二次考古发掘，之后还参与了《城子崖》一书的撰写工作，其中书内的大部分照片和图版均由其拍摄和绘制。

刘锡增，山东莱芜人。曾在山东省立图书馆、济南市博物馆任职。他曾参加过1931年梁思永主持的济南城子崖遗址的第二次考古发掘和1959年泰安大汶口遗址氏族墓地的考古发掘。

张善，1931年参与了由梁思永主持的城子崖遗址的第二次考古发掘工作。此外，他还参与了殷墟第五次和第十次考古发掘工作。

以上这些城子崖遗址的考古发掘功臣，都曾在"中国考古圣地"留下过足迹。时光荏苒，岁月如梭，尽管如今有些人的身世和生平事迹已模糊不清，但是他们的名字已和城子崖遗址一起被刻入历史的丰碑，将被后人永世铭记。

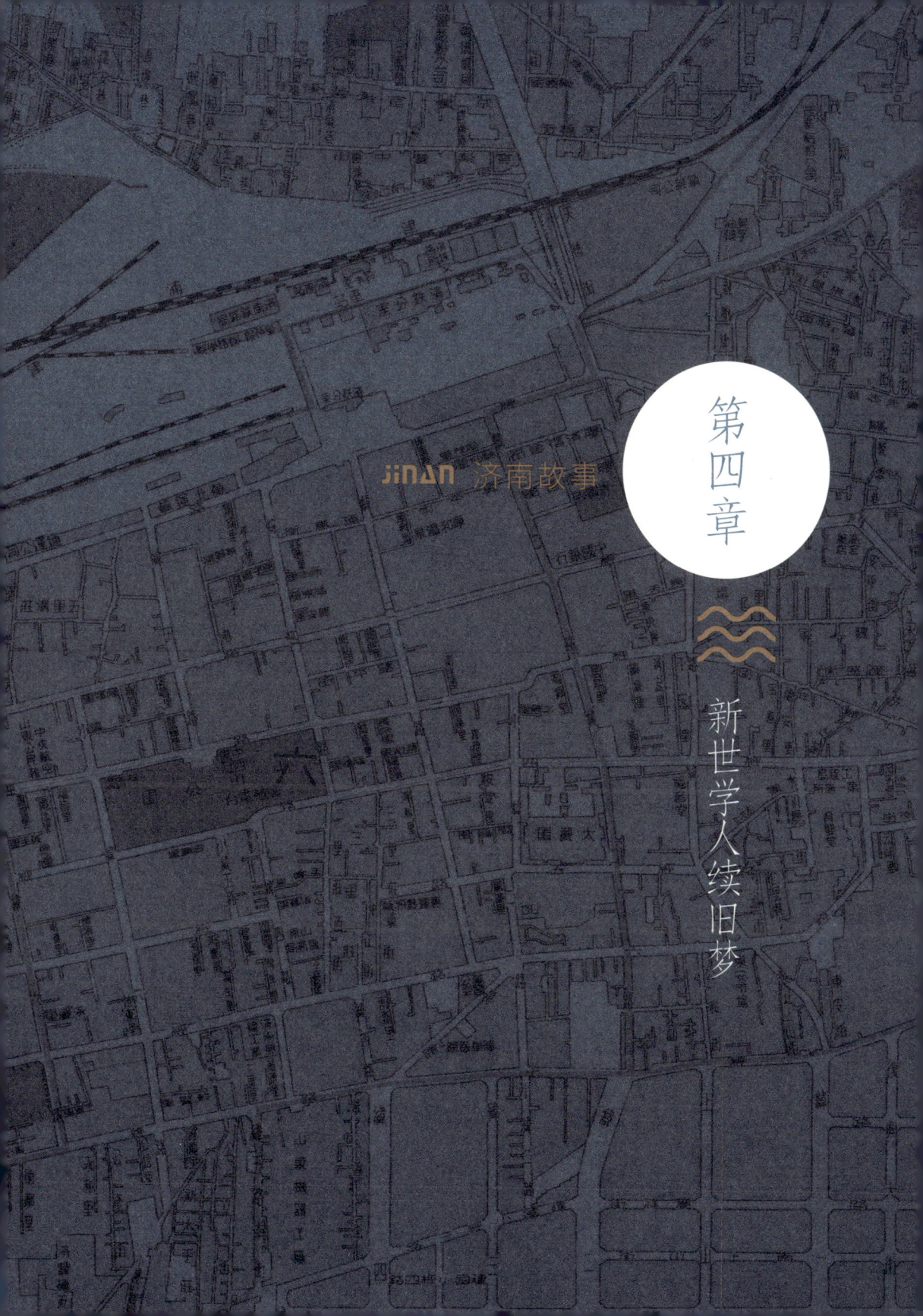

第四章

新世学人续旧梦

城子崖遗址 1990 年发掘现场

城子崖遗址这个"考古圣地"自从被李济、梁思永、吴金鼎等老一辈考古学家首次发掘而轰动世界后，由于种种原因，一度陷于沉寂，遭到了"冷落"，只得默默等待新的访客。没想到，这一等就是60年。

1989年6月，城子崖遗址终于迎来了新的访客，一支考古队悄然进驻。1990年春，对城子崖遗址的考古发掘工作正式展开，这是对该遗址的第二期发掘，也是1949年后对

城子崖遗址 1990 年发掘现场

张学海主持发掘城子崖遗址

该遗址的第一次发掘。本期发掘工作分4个年度进行,一直持续到1993年。时任山东省文物考古研究所所长的张学海是本期发掘的主持者,先后参加勘探和发掘工作的还有罗勋章、佟佩华、孙淮生、魏成敏、何德亮、靳桂云、王守功、李振光等考古工作者。因为1931年的那次发掘留下了一个悬念,即所发现夯筑城墙(被误认为"龙山城")的年代问题,所以此次发掘的主要任务和目标是确认该城墙的年代问题。考古工作者在四面城墙上共开了七条探沟,其中北墙三条、南墙一条、东墙一条、西墙一条,并在西墙北段城址内、外两侧和南墙中段外侧布了两个发掘区,总发掘面积达1 000余平方米。1991年,考古工作者在遗址西南部找到并重新清理了1931年发掘的C1-C4探沟。通过勘探和发掘,考古工作者发现城子崖遗址存在龙山文化、岳石文化和周代文化三个时期的城墙遗迹,最终确认第一次发掘时疑似黑陶期城墙应属岳石文化时期。在岳石文化城墙之下新发现有龙山文化城墙,从而破解了城子崖城墙的年代之谜,此即为"真假龙山城"的故事。

这正是"学者复探城子崖,龙山真假终分辨"。

考古发掘显示,城子崖龙山文化城址平面近方形,唯北墙东、西两侧内收而中部凸出。城址东西宽430米、南北长530米左右,总面积20余万平方米。城

1991年城子崖遗址发掘出的夯土城墙

墙建筑方式是外挖内筑,利于形成绝对高度,构成有效屏障。墙体夯筑方式较为原始。岳石文化时期的城墙是在龙山文化时期的城墙基础上内收修筑的,平面形状与龙山文化时期的城墙基本一致,但面积略有缩小,约17万平方米。岳石文化时期城墙的构筑方式是基槽夯筑,在西墙北段发掘中,考古工作者发现城墙基槽内侧版筑痕迹清晰完好。周代(即春秋时期)的城墙修筑在岳石文化时期城墙之上或内侧,面积更小,残存无几。

关于"三城叠压现象",有人质疑为何没有商代城址,也就是说为何直接从岳石文化时期过渡到了周代?难道在商代时,城子崖遗址所处地带就没有人居住吗?其实,据文献记载和专家考证,早在商代末年,有个小国就在城子崖一带建都了,它就是谭国。此国虽然国小势微,但却顽强地生存下来,一直延续到春秋时期,要不是后来得罪了齐桓公,也不至于落得个灭国的下场。

关于这段历史,得从春秋初期齐国的主宰齐襄公谈起。据说,因齐襄公荒淫无道,引起了内乱,所以他的两个弟弟公子纠和公子小白都逃到他国避难。因为公子纠的母亲是鲁国人,所以他就逃到了鲁国。公子小白则先逃到了谭国,而谭国却对他不待见,没有给予应有的礼遇。于是,公子小白便逃往更为偏僻的莒国。不久之后,齐襄公和公孙无知(齐僖公侄子)均在内乱中丧生,齐国需另立新君。流亡在外的公子纠和公子小白得知后,都急着想赶回齐国接班,最终公子小白以"假死"骗过公子纠和管仲,在师傅鲍叔牙的辅佐下率先赶回齐国,成为后来赫赫有名的春秋霸主——齐桓公。然而，在公子小白成为齐桓公之后，天下诸侯大都前往祝贺，谭国国君却既没亲去也没派人道贺。面对"新仇旧怨"，齐桓公忍无可忍，一怒之下，在即位后的第二年就派兵把谭国灭掉了。因此，考古工作者在城子崖遗址上层发现的周代（即春秋）城址之所以残缺不全，城垣所剩无几，很可能就是当年齐桓公派兵"屠城灭国"造成的。可叹，"傲慢无礼""不识大局"的谭国国君只因为对公子小白的两次"不敬"，就招致了丧身灭国的下场，数百年古城辉煌自此烟消云散。然而，也有学者认为"齐师灭谭"并非缘于谭国国君"无礼"，这只是一个借口，真正的原因是弱小的谭国占据了一个要害之地，阻挡了齐桓公争霸中原的步伐，所以消灭谭国是必然的、早晚的事。由此可见，城子崖一带自古就是一个交通要塞和兵家必争之地。无论是何缘故，谭国终究是被齐国给灭了，悄然消逝在历史的长河中，只留下一座残破不堪的故城尘封于土下，为城子崖遗址增添了一份沧桑，蒙上了一层神秘。

虽然谭国故城如今已成为一片废墟，但是却留下了一段千古爱情传奇。世代相传、妇孺皆知的"牛郎织女"神话，据说就是由谭国的一位士大夫最早记载的。他所作的一首《大东》诗现留存于《诗经·小雅》中，诗中明确记载了关于牛郎织女的美丽传说："维天有汉，监亦有光。跂彼织女，终日七襄。虽则七襄，不成报章。睆彼牵牛，不以服箱。"由此可见，"牛郎织女"这一千古流传的爱情神话很可能是发源于城子崖。

相隔60年的两期考古发掘证明，城子崖城址是中国古代东方的中心之一。可以说，这两期发掘在中国考古学史上均具有里程碑式的地位和意义。其中，因为1930年至1931年第一期发掘的重大收获及价值，城子崖遗址于1961年被国务院公布为第一批全国重点文物保护单位。而1990年至1993年的第二期发掘，则被分别评为全国"七五"期间和1990年双"十大考古新发现"，并于1994年荣获国家文物局颁发的国家田野考古发掘二等奖（一等奖空缺）。而在1991年秋于山东济南召开的"纪念城子崖遗址发掘60周年国际学术讨论会"，更成为当时中国考古界的一大盛事。

城子崖遗址的两期大规模考古发掘，揭示了一系列重要发现。其中，除了龙山文化城址之外，岳石文化城址无论是规模还是建筑工艺水平，都是空前的，甚至超出了同时期二里头文化的相关发现。鉴于城子崖遗址在中国考古学史上具有举足轻重的地位和该遗址岳石文化城址的重要性，在中华文明探源工程进入第三阶段之后，该遗址被纳入工程中的相关课题，并持续至第四阶段。作为中华文明探源工程的一个子课题，自2013年10月至今，山东省文物考古研究所（今山东省文物考古研究院）再次展开对城子崖遗址的考古发掘工作。

其中，尤为值得一提的是2017年3月至7月的考古发掘工作。此次发掘收获很大，确定了城子崖岳石文化晚期城址北城门的存在，基本弄清了城门结构，并探明了城子崖龙山文化时期（距今4 000多年）、岳石文化时期（距今3 000多年）和周代（距今2 000多年）的城墙及壕沟的演变关系。据此次发掘的执行领队朱超介绍，北城门位于城址纵中线北端偏东处，门道西侧现存一长条形基槽，基槽里南北直线分布着12个柱洞，直径在25—30厘米，每个柱洞底部均有垫石，因此当时应该有12根柱子，整个门道长约10米。根据现有结构推测，当时城门应该有类似门楼的上层建筑。关于龙山文化、岳石文化和周代城墙、壕沟的演变关系，朱超认为周代城墙留下的遗迹极少，推测可能部分区域沿用了岳石文化晚期的城墙。而根据此次考古发掘，发现龙山文化时期城墙紧贴现存的城子崖台地外侧，采用平地堆筑法建造，夯层不甚规整，城墙高不过2米，防御功能有限，防御主要还是依靠城外深达7米，宽约30—50米的壕沟。到了岳石文化早期，依然沿用城墙与壕沟相连的防御模式，但这一时期城墙建筑技术有了飞跃性的进步，束棍夯筑和版筑两项筑城技术的普遍使用大大增强了城墙的坚固程度，使城墙增高成为可能。束棍夯筑是把数根木棍绑在一起夯打，夯窝密集清晰，夯土坚硬。版筑就是用夹板挡土，这种技术使得城墙外侧陡直规整。到了岳石文化晚期，城墙和壕沟完全分离，间距15米左右，城墙高达4米以上，防御功能主要由城墙承担，不再过度依赖于壕沟。

总之，城子崖遗址的历次考古成果，大致还原了中国史前时代从部落到国家的基本进程，初步解决了古代中国国家的诞生、中华文明起源等一系列重大

2017年城子崖遗址发掘照片（发现岳石晚期城址北门遗迹）

问题。"三城叠压"的现象，也充分表明城子崖一带自古就是筑城立国的理想之地。伴随着"中华文明探源工程"的推进和新一代考古工作者对城子崖遗址的调查、发掘和研究工作的进行，相信在不久的将来，城子崖会给世人带来更多的惊喜。

如今，有着"中国考古圣地"美誉的城子崖遗址已成为济南唯一一处国家考古遗址公园，日益受到世人的广泛关注。自从考古大师吴金鼎发现城子崖遗址后，又经过数代考古工作者的发掘和研究，使得笼罩在这片神秘土地上的烟雾逐渐散去，其历史发展脉络也愈加清晰。历经风云变幻，见证文明发展，请随笔者搭上历史的列车，一起了解城子崖遗址的前世、今生及其文明的演变历程吧！

大约公元前4600年至公元前4000年（龙山文化时期），东夷先民开始在城子崖建城并居住。

公元前4000年至公元前3500年（岳石文化时期），东夷人在城子崖采用版筑技术筑城并居住、生活于此,这一时期发生了著名的"夷夏之争"。

商代末年至春秋时期,古人以城子崖为中心在此地建立了谭国。

公元前684年,齐师灭谭,谭国成为齐国的附属国。

公元前221年,秦灭齐,改齐国为齐郡,城子崖属齐郡。

公元前186年,吕后封济南为吕台封邑,城子崖属济南。

公元9年,王莽建立新朝,城子崖属乐安郡。

公元1077年,著名文学家苏轼在密州(今山东诸城)任职期满,改任徐州知州时,赴任途中经过济南,路过龙山镇城子崖,受到好友齐州知州李公择的热情接待,并一同策马游龙山。兴奋之余,苏轼作《阳关曲·答李公择》一诗:"济南春好雪初晴,才到龙山马足轻。使君莫忘雪溪女,还作阳关肠断声。"

公元1085年10月15日,苏轼刚赴登州(今山东蓬莱)任职五天,又接到了进京任礼部员外郎的任命书,于是便于当年11月初离任赴京(今河南开封),途经济南时,曾夜宿龙山镇。当时的龙山镇监税宋宝国接待了他,受宋保国之托,苏轼作了《跋王氏华严经解》。

公元1363年6月庚辰,有流星陨落于龙山镇东之城子崖,入地五尺。

1928年3月至1929年10月,著名考古学家吴金鼎六访城子崖,发现龙山文化。

1930年11月5日,山东古迹研究会成立,李济率队开始对城子崖遗址进行正式考古发掘。

1931年1月1日,城子崖遗址出土古物在济南公开展览三天,以山东省主席韩复榘为首的山东要员参观了展览。

1931年2月19日,城子崖出土古物展览在南京成贤街46号国立中央研究院自然历史博物馆正式开展,蒋介石、宋美龄、孙科、陈果夫、陈立夫、胡汉民、于右任等先后参观展览。

1931年10月,梁思永主持对城子崖遗址的第二次考古发掘工作,发现"龙山城"(后经证明是岳石文化城址)。

1934年10月，中国第一部田野考古报告集《城子崖》出版发行。

1948年，解放军渤海纵队在城子崖发动龙章战役（2016年冬，在城子崖遗址南侧清理出战争所留的战壕、子弹壳、子弹、迫击炮弹等遗物）。

1961年，城子崖遗址被国务院公布为第一批全国重点文物保护单位。同年，国保碑由青岛被运至龙山火车站，龙山村李承祥等人将国保碑安放于现址。

1989年至1993年，时任山东省文物考古研究所所长的张学海主持了城子崖遗址的第二期发掘。

1991年，城子崖龙山与岳石文化遗址入选1990年和"七五"期间双"全国十大考古新发现"。

1991年秋，"纪念城子崖发掘60周年国际学术研讨会"在济南召开。

1994年9月，城子崖遗址博物馆建成并正式对外开放。

2012年，城子崖遗址博物馆改造提升工程开始。

2013年至今，作为"中华文明探源工程"的一个子课题，城子崖遗址的考古发掘再次展开，考古工作者先后发现了城子崖岳石文化晚期城址的南、北城门遗迹。

2013年9月，城子崖遗址博物馆改造提升工程结束，经专家论证后，城子崖遗址博物馆更名为龙山文化博物馆。

2013年12月，城子崖国家考古遗址公园正式通过国家文物局立项。

2014年10月，龙山文化研究会正

《中国文物报》关于纪念城子崖遗址发掘六十周年的报道

式成立。

2015年8月，"第22届世界历史科学大会"在济南召开，章丘承办了卫星会议"比较视野下的龙山文化"，城子崖遗址接待了来自世界各地的历史学家和考古学家。

2015年12月，中国龙山文化研究会在济南成立。

2017年12月，"城子崖国家考古遗址公园"从全国22个省市、96家参评单位中脱颖而出，正式挂牌，成为同年度山东省唯一一家挂牌单位。

2018年，城子崖遗址城垣保护工程开工，城子崖遗址将以全新的面貌迎接国内外的专家和游客。

2019年，"城子崖研学游"项目正式启动，城子崖遗址将以崭新的姿态迎接世界各地的青少年前来参观、游学。

时光荏苒，城子崖遗址自被发现至今已走过90年的历程。如今，站在遗址上环顾四野，仿佛能看到四千多年前古代先民们的各种生活场景，似乎能感受到他们对美好未来的憧憬与期盼。虽然遗址上只留下沧桑岁月的痕迹，尽管古城中仅剩下断壁残垣，但龙山先民创造的文明却依然在人类文明的花园里绽放出绚烂的花朵，在世界历史的星空中闪烁着耀眼的光辉。

JINAN 济南故事

第五章

国之雏形龙山城

一般认为，金属工具的出现、文字的发明和国家的形成是人类跨入文明社会的三大标志。而城市的出现则是国家形成和人类文明发展的重要标志，早期城市可谓国家的雏形。作为具有悠久文明史的古国，早在五千多年前，我国境内就已出现了萌芽状态的城市，如济南章丘焦家遗址的大汶口文化城址。但城市的正式形成和发展成熟则出现于龙山文化时期。考古调查和发掘表明，在龙山文化时期（或龙山时代），大小城市如雨后春笋般涌现出来，华夏大地遍开"文明之花"。从山东境内来看，目前已发现的龙山文化古城大致有城子崖、边线王、丁公、桐林、田旺、景阳冈、皇姑冢、王家庄、教场铺、王集、前赵、大尉、乐平铺、尚庄、尤楼、丹土、尧王城、两城镇等十几座。由于这些龙山文化古城均见证了山东乃至中国早期文明的起源与发展，孕育了早期国家的诞生，所以有必要将这些古城的发现、发掘、文化堆积及学术研究价值等情况简单介绍一下。

城子崖遗址中发现有三座相互叠压的古城遗址，自下而上分别为龙山文化城址、岳石文化城址、周代城址。其中，最下层的龙山文化城平面近方形，东、西、南三面城垣较完整，唯北墙东西两侧内收、中部外凸，城垣拐角呈弧形。城址东西宽约430米，南北最长处约530米，总面积20余万平方米，有学者估计当时城内居住人口达5 000人左右，是当时发现的最大的龙山文化城。残存的城墙深埋于地表以下2.5—5米，残厚8—13米。城墙由堆筑、版筑结合，大部分挖有基槽，有的部位在壕沟淤土上夯筑起墙。城墙夯土结构有两种：一种用石块夯筑，一种用单棍夯筑。城垣有的部位因晚期取土筑城局部被破坏，四面墙基完整地保存于地下。南北门之间有道路连接，似有门卫建筑。城内有大型建筑基址和水池遗迹。发掘者据城内深厚的文化堆积，丰富的遗迹叠压和打破关系，以及出土的精美陶器和石器等分析，认为城子崖龙山文化城是中国文明时代初期的一座重要城市，已具有早期国家的雏形，是中国东方某一方国的政治、经济和文化中心。城子崖龙山文化城址的发现，为中国史前城址、早期国家和文明起源问题的研究提供了重要资料。

边线王龙山文化城址位于山东省寿光市城南10公里的孙家集镇边线王村

边线王遗址发掘现场

北一个名为"后埠岭"的高台地上，1984年在文物普查时被发现。1984年春到1986年冬，为配合益羊铁路修筑工程，山东省文化厅调集文物工作者对该遗址进行了大规模的发掘工作。考古发掘表明，龙山文化城址的城墙和城内文化堆积基本上已被破坏。城墙基为挖槽建筑，一般深2米多至3米左右，并发现有用人骨架以及猪、狗的骨架作为奠基者。从城的结构上看，有大、小城两座，结构相似，构筑方法相同。大城平面呈圆角方形，每边长约240米，城内面积近5.7万平方米，四边中部各开一个城门，门宽10米，已发掘出北、西两个城门，宽度基本相同，宽约7—8米，深约5—7米。小城在大城东南部，平面亦呈圆角方形，城墙每边长约100米，城内面积约1万平方米左右，东、北城墙各开一个城门。小城基槽宽4—6米，呈斜坡平底状。基槽内夯层厚薄不均，一般为5—15厘米，夯层明显，夯窝清晰，有椭圆形和长条形两种，大的10厘米、小的5—6厘米，多采用河卵石或木棍制作。从基槽内出土的遗物分析，小城基址的建筑年代早于大城基址。虽然大城兴建于小城废弃之后，但应属于同一个文

丁公遗址发掘现场

化的前后两个阶段，其相对年代属于龙山文化的中期偏晚阶段。边线王龙山文化古城的发现与发掘，揭开了发现和研究龙山文化城址的序幕。它是目前已发现的典型龙山文化城址之一，其内外城的布局是独一无二的，因此是研究中国早期城市和文明起源的不可多得的宝贵资料。

丁公龙山文化城址位于山东省滨州市邹平县苑城镇丁公村东的丁公遗址内。1985年秋至1993年春，山东大学历史系考古专业先后6次对丁公遗址进行了发掘，累计发掘面积2 000余平方米。其中，1991年秋在第4次发掘中发现了龙山文化时期的城址。该城址平面呈圆角方形，四周城垣比较规整，城内部分南北长约350米，东西宽310米，面积约10万平方米。城墙宽约25米，现存墙体残高约1.5—2米，墙体外坡陡直，内坡比较平缓。城墙系分层夯打而成，夯层的厚度在5—8厘米之间。城外有一条宽30—40米左右的壕沟，壕沟底部最深处距城内地面在3米以上。城内发现房屋基址近百座，其中既有面积超过50平方米的大型房屋，也有面积不足10平方米的小屋。此外，还发现墓葬60余座及陶窑、水井等重要遗迹。出土各类文物标本5 000余件，其中一件为刻有5行11个"文字"的龙山文化陶片。丁公龙山文化城址的发现和发掘，对于研究中国古代文明起源具有重要的学术价值。

桐林龙山文化城址位于山东省淄博市临淄区凤凰镇的田旺村和朱台镇的桐林村之间的台地上，1992年文物普查时被发现。经发掘，此地确认有内、外两重城址。包括城墙在内，内圈城址面积约15万平方米，外圈城址约30万平方米。桐林内外龙山文化城址的结构、关系与丁公龙山文化城址相似，也是外圈城址修筑好之后，内圈城址随即废弃。2002年，考古工作者解剖发掘的东侧探沟显示，桐林龙山文化城址的内外城墙、壕沟与丁公龙山文化城址的内外城墙、壕沟的排列方式基本一致。该城址的发现和发掘，为研究中国早期城市的结构和古代文明起源又增添了重要资料。

田旺龙山文化城址位于山东省淄博市临淄区田旺村，1992年文物普查时被发现。该城址平面呈不规则的圆角长方形，面积约15万平方米。城垣为夯筑而成。城内文化内涵非常丰富，文化堆积最厚的地方约4米左右。1981年，在一个直径约3米的灰坑内出土了7件鼎、3件甗、4件鬶、3件平底盆等陶器。其中，体型最大的一件陶甗高达116厘米。这些陶器形态大小相次，应是一组礼器。由此可见，田旺遗址绝不是一般的村落居住遗址，而是该地区的一个聚落中心。田旺龙山文化城址的发现与研究表明，在距今4 000多年前甚至更早的时期，临淄就已成为这一地区的中心，成为中国古代社会进入文明时代的重要地区之一。

景阳冈龙山文化城址位于山东省聊城市阳谷县东南18公里的张秋镇景阳冈村周围，1994年被发现。该城址平面呈舟形，东北—西南走向，两端较窄，中部弧形凸出，东北—西南长1 150米，北端宽约230米，南端宽约330米，中部最宽处约400米，面积约38万平方米。地面已无城垣遗迹，但地下城垣保存较完整，系堆筑、版筑结合挖基筑成，在南、西、北三面城垣的中部均有一缺口，或为城门遗迹。城内中部偏北有大、小两座夯筑台基，或为大型宫殿基址和祭祀遗迹。大台基位于城内南部，面积约9万平方米；小台基位于城内北部，面积约1万平方米。大、小夯土台均分上、下两层，下层主要是利用纯净黄褐面沙土夯筑，上层则为灰花土筑成。夯筑方法分圆棍夯与石器夯两种，夯窝明显，夯面清晰。可以说，景阳冈龙山文化城址是迄今为止黄河流域发现的面积最大的一座龙山文化时期的古城址和时代最早的城址之一。因为该城址地处当时的华夏和东夷之间，又被有些史学家定为"蚩尤城"，所以被视为研究东夷文化的珍贵资料。该城址的发现与发掘，为研究这一地区龙山文化的面貌及其与中原龙山文化的关系，乃至中国古代文明的起源等问题提供了新线索。

皇姑冢龙山文化城址位于山东省聊城市阳谷县十五里元镇皇姑冢村村东，东北距景阳冈龙山文化城址8公里，1994年被发现。该城址平面呈舟形，东北—西南走向，中间宽，两端窄，并略呈圆角，东北—西南长约400米，东西（遗址中间）宽约160米，遗址两端约50米，面积约6万平方米。城垣修筑在遗址的边沿。遗址中心高，四周低，高低差在10米以上，如现存中心台高出地面约7米，而遗址南部保存城垣顶在地表以下1.9—2.3米，城垣高度虽然不详，但也应高出原地表数米，可知遗址高低落差是相当大的。勘探结果表明，遗址南部城垣保存尚好，城垣顶宽约6米，但由于地下水位较高，故无法探知城垣的具体高度。就整个城垣而言，该城址东北部的城垣保存不好，没有勘探出完整垣址。城中有传说中的古冢，地下文化层时代早于景阳冈龙山文化城。据当地传说，古代有一皇帝南巡，路经此地，匆忙间御马将一民间小姑娘践踏而死，皇帝见状悲痛不已，下令将其谥封皇姑，并葬于此地，立碑修庙，以示纪念，故名"皇姑冢"。也有专家根据史料考证其与蚩尤有关，认为皇姑冢即"蚩尤冢"。因此，该城址的发现对于研究中国早期城市的起源和东夷文化的面貌均具有重要价值。

王家庄龙山文化城址位于山东省聊城市阳谷县王家庄。该城址平面呈圆角扁长方形，面积约为4万平方米。考古勘探和发掘显示，该城址内没有贵族聚居区与平民聚居区的差别，也没有发现其他任何可以证明王权存在的遗物，所以可能为一座级别较低的普通聚落。

教场铺龙山文化城址位于山东省聊城市茌平县乐平铺镇教场铺村的西北，

1994年被发现。相传战国时孟尝君曾在此地练兵，故名教场铺。该城址平面呈长方形，东西长约1 100米，南北宽约300米，面积约33万平方米。如加上城垣宽度，城址总面积估计达40万平方米左右。该城址地面已无城垣遗迹，但探知地下城垣平均宽度为28米，最宽处达30米，保存下来的高度接近2米，是用黄沙、黏土混合分块夯筑而成的。城内有两个东西并立的夯土台址，东台东西宽约100米，南北长约160米；西台东西长约800米，南北宽约160米。两台间隔约70米。东台东部因挖沙受到破坏，据断面和对坑底的钻探可知，台高6米，台址高出地表1米多，其上还有1米左右的晚期堆积，形成一个大堌堆，由东向西呈漫坡状。城内中部地面上有丰富的商代后期陶片，周、汉陶片也随处可见，偶见大汶口文化陶片。由于教场铺龙山文化城址位于古济水流域，地处当时华夏族和东夷族的交界处，传说中的黄帝、炎帝、蚩尤等部落逐鹿中原时都曾在这一带活动。因此，该城址的发现和发掘对于中国古代社会复杂化进程、夏商文明的孕育和形成过程、中国早期国家的起源与形成、中华文明的起源以及夷夏两大文化集团的相互关系等问题的研究均具有较高的学术价值。

王集龙山文化城址位于山东省聊城市东阿县陈集乡王集村南1 500米处的一块高台地"堌堆顶"上，1994年被发现。该城址南北长300米，东西宽250米，面积约8万平方米。出土遗物有方格饰灰陶片、磨光黑陶片、鬼脸足等。该城址对于探讨黄河中下游地区龙山文化的社会性质、冀鲁豫地区的文化区系和古城、古国等课题，都具有十分重要的意义。

前赵龙山文化城址位于山东省聊城市东阿县城化工厂的东北侧赵村，1996年12月被发现。该城址平面呈舟形，中间宽、两端窄，东北—西南走向，长449米，中间宽140米，东北端宽80米，西南端宽90米，总面积约5.3万平方米。城墙宽8米，城墙外有壕沟，宽约8米，城址中间有南北两处断口，宽度均在30米左右，为城门遗迹。该城址内的文化堆积呈斜坡状，中间高、四周低，四周文化层比中间要厚。南半部房址分布比较密集，龙山文化层堆积厚达1.2—2.3米，包含物比较丰富，出土了盆、罐、瓮等陶器及大量陶片，并探出了房址。该城址文化堆积较厚，内涵丰富，形状结构特殊，是探讨和研究中国古代文明起源、发展以及龙山文化时期社会形态的珍贵资料，具有十分重要的历史研究价值。

大尉龙山文化城址位于山东省聊城市茌平县乐平镇大尉村东南约200米处。该城所在遗址东西宽170米，南北长260米，面积约4.4万多平方米，地势为缓起高地，高出地面4米左右。1980年秋，山东大学历史系考古专业78级学生实习时，对该遗址北部进行了试掘，出土了大量龙山文化和商周文化遗存，并发现了多座战国墓和汉墓。其中，岳石文化陶片和二里头文化陶片的发现，在鲁西尚属首次，为研究东夷和华夏二族的关系提供了新线索。

乐平铺龙山文化城址位于山东省聊城市茌平县城南乐平镇三里铺北街村东50米处，其所在遗址为一片隆起高地，中心部分高出地面0.7米，东西宽180米，南北长246米，面积约4.5万平方米。1973年，茌平县文化馆对乐平铺遗址进行了调查，证实该遗址为新石器时代到战国时期的遗址。1978年，聊城文化局和茌平县图书馆又对该遗址进行了复查。该遗址文化堆积较厚，文化内涵丰富，在地表可见灰土中，散布着大量的龙山文化至战国时期的陶片。其中，可辨器物有陶鼎、陶鬶、陶甗、陶豆、陶盘及石锛等。

尚庄龙山文化城址位于山东省聊城市茌平县城西振兴办事处尚庄村东20米处隆起的土冈上，1994年被发现。该城址平面呈圆角方形，面积3万余平方米。城内文化堆积和出土遗物所蕴含的文化特征，诸如白灰面房址、陶器纹饰中方格纹、绳纹占比例较大等，与鲁东地区的龙山文化有着明显区别，但却与河南龙山文化相似。该城址的发现与发掘，填补了鲁西地区1949年以来考古工作的空白。该遗址对于探讨山东龙山文化的分布、类型、分期及山东地区与周边地区诸原始文化的相互关系等具有重要价值，对研究中国古代文明起源、中国早期国家的形成等问题均具有重大意义。

尤楼龙山文化城址位于山东省滕州市薛国故城的郭城中。该城址平面呈方形，面积约1万平方米。城址周围有壕沟，但未发现明显城垣遗迹。

丹土龙山文化城址位于山东省日照市五莲县城东南约40公里处的潮河镇丹土村，1995年以来经多次勘探和发掘，确认了前后三期城址。其中，龙山文化城址分早、中两期。早期城址平面略呈椭圆形，东西长450余米，南北宽300余米，城内面积约11万平方米。城壕宽约20米，口至底深约3米。城墙建在大汶口文化城壕沟之上，仅存墙基部分，墙体残宽10米，残高15米，系分层堆筑，夯层多倾斜，厚0.1—0.3米不等，在城的西、北、东方向各发现城门遗迹。中期城址平面呈不规则刀把形，北部略呈椭圆形，西南向外凸出，东西长500余米，南北宽400余米，城内面积约18万平方米。城壕宽约28米，口至底深约3米。城墙残宽约12米，残高1.6米。城墙分层堆筑，夯层逐渐向上倾斜，厚0.1—0.4米不等。在西、北、东方向共发现4个城门遗迹，在西南部、西北部和东南部各发现一个出水口，南部还发现一个蓄水池。西城门通道较宽，城壕和城墙在这里中断，南北两段城壕均为圆弧形，分别向南、北两侧倾斜。城门通道内外皆呈喇叭状，中间宽约16米，沟内护坡较好，通道中间发现基槽，南侧发现房基，据分析，基槽和房基应与城门设施有关。丹土龙山文化城址的发现与发掘，对于研究中国早期城市的结构、布局和中国早期文明的起源均具有重要价值。

尧王城龙山文化城址位于山东省日照市岚山区西南17公里的高兴镇南辛庄村和安家尧王村的一个高坡地上，1934年被发现。从2012年秋季开始至2016年秋季，考古部门连续对尧王城遗址进行了8次发掘，发掘面积近5000平方米。发掘的主要遗迹有城墙、环壕、道路、建筑基址、祭祀遗迹、器物坑、灰坑、墓葬等。龙山文化城址的内城城垣南北长近500米，东西宽约300米，总面积约15万平方米，如果加上外侧环壕的面积，整个内城面积近20万平方米。其中，内城城墙的北城墙呈西北—东南走向，主体宽度约26—28米，东西长度约300米，城墙中段留有一宽约10米的通道。北城墙外侧有宽30多米的环壕，环壕的上层为灰色淤土，下层接近底部堆积为黑灰色淤土，走向与北城墙大致平行。西城墙沿南辛庄河东岸三级阶地边缘，走向正北略偏东，墙体宽度与北城墙约略相当，南部被南辛庄村建筑覆盖。东城墙与西城墙走向大致平行，墙体宽度不明，南部延伸至南辛庄村。城内西北部为主要的生活居住区，集中分布有房址、祭祀台基等。城内北部还发现祭祀遗迹。在出土遗物中，陶器以火候高、

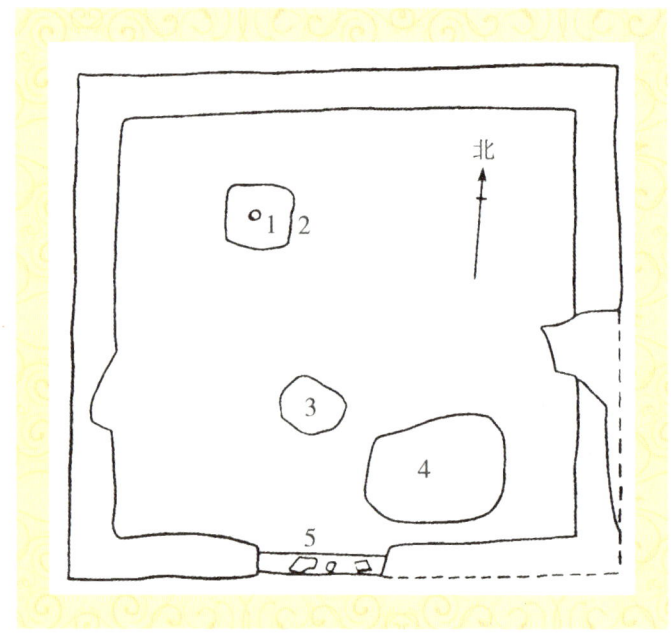

尧王城遗址平面图

陶质硬、陶胎薄、有黑亮光泽的蛋壳黑陶最为精致，代表了这一文化的高超制作技术。此城址发现了彩陶，填补了日照市及鲁东南沿海地区龙山文化时期陶器的空白，特别是在龙山文化大口尊陶片上发现的陶文极为重要，这是继莒县陵阳河遗址发现大汶口文化陶文和邹城丁公遗址发现龙山文化陶文之后的又一重大发现，对研究我国文字起源提供了极为宝贵的实物资料。该城址为大汶口文化和龙山文化时期的都城，是一个规模相当大的"原始城市"，被认为是当时亚洲最大的城市。它是一处由大汶口文化向龙山文化过渡时期的城址，是一个较早发展起来的聚落，属山东龙山文化尧王城类型，在考古界有着重要的地位和影响。

两城镇龙山文化城址位于山东省日照市东港区两城镇西北两城河岸边一处自东向西逐渐高出平原的漫岗上。早期只发现一长方形环壕，面积20多万平方米。环壕废弃之后，当时人们又在其外围修筑了面积更大的环壕城址，亦为长方形，面积为30多万平方米。城址内出土了陶器、玉器、石器等大量遗物，其中一件精美的兽面纹玉锛（或称"扁平长条形平首玉圭"）为我国目前唯一所见。据牛津大学《世界史便览》记载，公元前3500年—前2000年的两城镇为亚洲最早的城市。

其实，考古调查和发掘表明，除了上述山东地区发现的龙山文化城址以外，全国其他许多地方也都发现了不少同时期的古城遗址，这些考古发现充分表明，在龙山时代，文明的主要标志之一——城市已经出现并初具规模，早期国家已显露出雏形。

考古研究证明，中国城市的萌芽阶段是原始社会向奴隶社会过渡的时期。在我国目前已经发现的上百座史前城址中，最典型的是曾经被公认为中国城市最初萌芽的龙山文化城址。虽然最新的一些考古发现又将最早的城市萌芽向前推了不少年，但是成熟、发达的龙山文化城址在中国早期城市的产生中仍然具有不可动摇的地位。这些在数千年前繁华一时的原始城市如今虽早已尘封于地下，但却都留下了内涵丰富的文化宝藏。

可以说，从布局较为简单的聚落发展为形制较为复杂的城市，不仅是建筑技术水平取得进步的直接反映，也是社会政治、经济、军事、文化等各方面获得发展的重要体现。随着自然环境和人文环境的不断变化，城市的布局结构、建筑方式、建筑技术、内涵性质等也会随之不断演变和发展。到龙山时代后期，高大的夯土城墙、宽大的壕沟以及大型高台建筑基址充分说明当时的城市已具有"国家机器"的性质。正如考古学家马世之先生所说："城址是文明的主要物化形式，是检验国家形成与发展的尺度。"正是由于龙山时代众多大小城市特别是都邑的出现，才孕育了中国历史上第一个王朝——夏朝的诞生，人类社会即将进入一个崭新的文明时代。

JINAN 济南故事

第六章

龙山陶文铸文明

在龙山时代，城市已在中国各地陆续出现并日益发展成熟，这为文化的起源和文字的产生奠定了重要的物质基础。考古发现证明，作为人类社会步入文明阶段的另一个重要标志——文字，也已出现在龙山时代。众所周知，殷墟甲骨文是我国当今汉字的"鼻祖"。其实，甲骨文已是一种比较成熟、系统的文字，在它之前文字早就诞生了。对于甲骨文的源头，有不少学者曾进行过探寻。研究表明，其中一个重要源头就是龙山时代的陶文。

正如契刻或书写在龟甲、兽骨上的文字被称为"甲骨文"一样，刻画或书写在陶器上的文字或符号，一般被称为"陶文"。考古发掘表明，在龙山时代的遗址、墓葬中出土的陶器或陶片上，时常发现陶文。现将目前已发现的一些铸就人类早期文明的代表性龙山时代陶文介绍如下。

第一，城子崖陶文。

1930年，在著名考古学家李济的主持下，考古工作者对山东历城县（今章丘区）的城子崖遗址进行了第一次发掘。在龙山文化层中，出土了3片刻有字符的陶片，其中两片上的字均写作"一"，李孝定将其释为"一"或"十"，将另一片上的字释为"羽"。另据中国第一部田野考古发掘报告《城子崖》记载，考古工作者还在城子崖遗址的下文化层中发现一件刻有九个字的陶片。其上陶文古朴稚拙，有学者释为"齐人网（获）六鱼一小龟"。这些陶文刻在陶瓮的内里残片上，显然是在陶器破损之后才刻上去的，这与丁公陶文的情况近似。但也有学者认为这件刻文陶片为东周时代的遗物，故很少提及。不管怎样，城子崖陶文的发现，与城子崖龙山文化城址

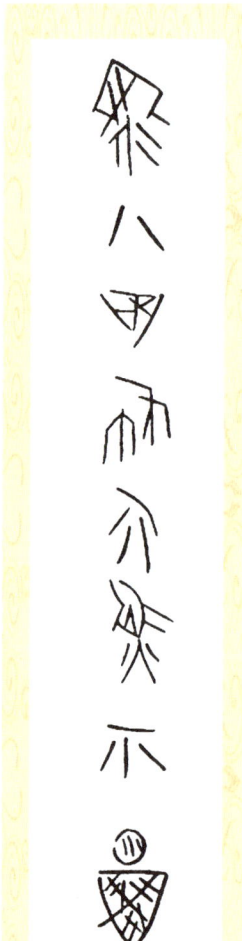

城子崖陶文

一样，都是表明城子崖先民已进入文明社会发展阶段的重要标志。

第二，丁公陶文。

1992年初，山东大学考古实习队对山东省邹平县丁公龙山文化遗址进行了发掘，一位民工在清洗

丁公陶文

陶片时意外发现了一件刻字陶片。该陶片是一件泥质磨光灰陶大平底盆的底部残片，在盆的内面共刻有5行11个字。这块陶片呈上宽下窄的倒梯形，长46—77厘米，宽约32厘米，厚0.35厘米，或为祭祀用品。右起一行为3个字，其余4行每行均为2个字。另外在左上角有一刻画极浅的符号，疑为一字，左下角有一刻画短线伸出陶片之外。发掘者认为这些陶文是"烧后刻写，并且最大可能是刻写在陶片之上"的，其书体的显著特征是"多为连笔字"。这些陶文笔画流畅，独立成字，刻写有一定章法，排列也很规则，已经脱离了符号和图画的阶段。全文很可能是一个短句或辞章。文字中除一部分为象形字外，有的可能是会意字，表现了一定的进步性。这件刻字陶片经过考古学界和古文字学界30余位专家、学者的鉴定，获得了比较一致的认可。绝大多数学者对丁公陶文持肯定意见，例如：田昌五认为陶片上的字有象形字，也有会意字，建议将这些成行排列的陶文称为"陶书"，以与单个陶文相区别；严文明认为丁公陶文是一种比较成熟的早期文字；张忠培认为商人可能吸收了包括丁公陶文在内的不同谱系的考古学文化居民的发明，把中国文字推进到甲骨文阶段；俞伟超认为丁公陶文是目前所知中国最早的文字；高明认为丁公陶文是已被人们淘汰的古文字；裘锡圭起初认为丁公陶文是一种走入歧途的原始文字，但后来又认为是一种符号；李学勤根据丁公陶文多用连笔的书写特征，认为它是当时的俗体；王恩田认为丁公陶文是东夷文化系统的文字；张学海认为丁公陶文"似属一段'辞章'或一个短句"，它和大汶口陶器文字、甲骨文，都可能同属汉字方块

字体系，代表了古汉字发展的一个重要阶段；冯时则认为丁公陶文是古彝文。丁公陶文发现的意义是不容置疑的，它为探讨中国文字的产生与发展、研究中国文明起源等重大历史课题提供了极其珍贵的实物资料。

第三，尧王城陶文。

1978年至1998年，考古工作者先后对尧王城龙山文化遗址进行了三次发掘，出土遗物十分丰富，主要有陶器、石器、玉器等。其中，在1992年至1993年的发掘中，考古工作者在一件大口尊残片上发现了形状奇异的陶文，据有关资料披露，它与陵阳河出土的"皇"字圭首形陶文非常相似。据研究，圭首形陶文是对实物羽冠的摹画，是少昊氏象征王权的王冠反映，这意味着少昊氏已延续到了龙山文化时期。尧王城陶文是继莒县陵阳河遗址发现大汶口文化陶文和邹平丁公遗址发现龙山文化陶文之后的又一重大发现，为研究我国文字的起源提供了极其宝贵的实物资料。

第四，景阳冈陶文。

1994年底至1996年，考古工作者对景阳冈龙山文化城址进行了钻探和试掘，出土了不少具有显著地方特征的器物。其中，尤为重要的是在1996年春季发掘的一条灰沟中，考古工作者发现了一块刻文陶片。它是一件小型泥质磨光黑陶罐的肩部，残存部分呈三角形。从刻画形式看，是在陶器成型之后、烧制之前刻上的，系龙山时代的古人所为。从字的形体看，与甲骨文似有渊源。所以，景阳冈陶文的发现对探寻我国文字的起源也具有重要价值和意义。

第五，王城岗陶文。

王城岗遗址位于河南省登封市告成镇八方村东侧的土冈上，当地俗称"望城岗"，现存面积约1万平方米，是一处以河南龙山文化中晚期遗存为主，兼有裴李岗文化、二里头文化以及商、周时期文化遗存的遗址。20世纪70年代，河南省文物考古部门对该遗址进行了大规模的发掘，发现了东西并列的两座龙山文化晚期的古城址。从城址的规模和结构看，已经具有早期城邑的面貌，故被一些学者认为是史籍中"禹都阳城"的地望所在。遗址内出土了大量陶器、石器、骨器、铜器等生活用具和生产用具。尤为重要的是，该城址出土了一件泥质黑陶杯的残片，陶片底部的刻画陶文特别引人注目。李先登先生将这个烧制前刻画于陶胎上的字释为"共"，并认为它是相当成熟的会意字。城址、文字、青铜器等的发现，表明龙山文化晚期的王城岗社会已经进入文明时代。

第六，陶寺陶文。

1978年至1984年，考古工作者对山西襄汾陶寺遗址进行了发掘，发现大面积的墓地和居住址，进而发现了古城址，并出土了许多珍贵遗物，从而确立了中原地区龙山时代的陶寺文化。其中，在1984年春季的一次发

陶寺陶文

掘中，考古工作者在一个陶寺文化晚期的灰坑（H3403）中发现了一件朱书扁壶。据介绍，这件扁壶为残器，存留口沿及部分腹片，泥质灰陶，侈口，斜颈，颈、腹间分界明显，腹一面略平，另侧明显鼓凸，錾作桥形，双錾相连在口部鼓凸一侧。器表饰竖条细篮纹，双錾面各有凹槽两道。口长径为20.8厘米，短径为9.2厘米，腹最宽24.8厘米，残高27.4厘米。朱书"文"字偏于扁壶鼓凸面一侧，在较扁平的另一面也有两个朱书符号，又沿扁壶残器断茬边缘涂朱一周，当为扁壶残破后所描绘。朱书文字有笔锋，似为毛笔类工具所书。扁壶在陶寺遗址出土数量极多，在陶寺文化居住址水井的底部，常见有扁壶碎片的堆积层，可知它是一种汲水器。其造型的基本特征是口部和腹部均呈一面鼓凸，另一面扁平，或微凹，以利入水，颈或口部设泥錾，便于系绳。扁壶皆为手制，其使用时间与陶寺文化遗址相始终，是陶寺遗址的典型器物之一。陶寺遗址所出扁壶上的朱书文字引起了学术界的广泛关注，有些学者对其进行了深入研究并取得了显著成果。罗琨认为扁壶正反面的朱书文字合起来是"易文"，亦即"明文"，推测陶寺陶文是用这两个字和一个符号（画界）来记述尧的功绩，以传诸后世。何努将扁壶背面原来被看作两个符号的朱书视为一个

字，认为其字符分上、中、下三部分：上部是有转角的"◇"即土字，中部为一横画，下部为"卩"字，合起来就是古"尧"字，即古史传说中五帝之一"帝尧"的名号。他进一步认为扁壶上的两个朱书文字很可能是"文尧"，并指出"文尧"是后人追忆帝尧时的称谓，也即"对先王的尊称"。与殷墟甲骨文同属一个系统的陶寺陶文的发现，为探索中国古代文明的起源提供了极其重要的物证。

第七，龙虬庄陶文。

龙虬庄遗址位于江苏省高邮市龙虬镇北首，是黄河下游地区一处龙山文化时期遗址，也是江淮东部地区面积最大、保存最好的新石器时代遗址，现为全国重点文物保护单位。该遗址发现于1970年，面积约43万平方米。1993年4月至1996年4月，考古工作者对该遗址先后进行了4次发掘，共发掘出各种器皿、骨头化石上千件。其中，在第一次发掘时，考古工作者于河边采集到了一块刻字陶片。该陶片是一件磨光泥质黑陶盆的口沿残片，上有8个类似文字的刻画符号，均刻在盆沿内壁，共有两行，左行4字近似甲骨文，以直线条为主，横平竖直，结体有序。右行为4个酷似动物侧视图形的象形文字，第一个似兽，第二个似鱼或蟹，第三个似蛇，第四个似鸟。刻文笔画纤细，技法娴熟，通篇可能包含一个完整的意义。自该陶文被发现以来，国内外很多古文字专家都对其进行了研究，但至今还没有人能够完整地释读出来。但不论能否被辨识，该陶文都是继山东邹平丁公遗址发现龙山文化晚期刻文陶片之后的又一重大考古发现。这次发掘的情况于1993年9月5日在《中国文物报》报道之后，引起了广泛重视，并被评为当年的"中国十大考古新发现"。据学者研究，龙虬庄陶文的笔法与甲骨文一样，基本都是采用直线条，说明二者是有

龙虬庄陶文

渊源的，龙虬庄陶文很有可能是甲骨文的源头。所以，该陶文的发现对于探究我国文字的起源极具价值和意义。

第八，良渚陶文。

良渚文化与龙山文化在年代上大致相当，近年来，随着良渚文化新材料的不断发现，学术界对于良渚文化陶器和玉器上的种种刻画符号也开始给予极大关注，并进行了深入研究。到目前为止，考古工作者已在良渚文化的陶器和玉器上发现了为数不少的单个或成组且具有表意功能的刻画符号，有学者称之为"原始文字"。研究表明，这些良渚陶文在当时已经通用并且达到了记载简单语句的程度，显然已具备了原始文字的性质。关于良渚陶文及玉器刻符的价值，王宇信先生说："由于良渚玉器上的刻画符号，不少与大汶口文化陶文相类似，可以互相联系，进行比较研究；而良渚文化陶器上，又发现有多字相连的陶文，在证明陶文与语言的关系上，尤有研究价值。"因而，关于良渚文化的陶器、玉器上出现的一系列刻画符号的研究，已成为探讨中国文字起源的又一焦点。在这方面，作为这一研究的有力推动者，应当首推国内的李学勤和日本的林巳奈夫二位先生。根据林巳奈夫先生的研究，带有刻符的良渚文化玉器大体可分为三种情况：其一是良渚文化有自己的图像记号，并单独地被表现在璧、琮等良渚文化的玉器上；其二是在良渚文化的玉器上，有良渚文化的图像记号与大汶口文化的图像记号相对而刻成的例子；其三是在良渚文化的玉器上刻有大汶口文化的记号。总之，良渚陶文的发现与研究，对于探讨其与大汶口文化陶文、龙山文化陶文的关系及中国文字的起源和演变均具有重要价值。

第九，石家河陶文。

石家河文化和龙山文化的年代也基本一致，在湖北石家河文化遗址中同样也发现了不少陶器刻画符号。该文化的刻画符号最早发现于1987年，此后随着田野发掘和室内整理的进行，陆续有新的符号被发现。其中，在肖家屋脊和邓家湾两个遗址中曾发现60余个刻画符号，这些符号的年代均为石家河文化早期。它们大多数被刻在大口陶尊的上腹部，少数被刻于尖底陶缸的上腹部、凹底陶缸的下腹部、高领罐的肩部和一些陶器残片上。据研究，石家河文化的陶器刻画符号以象形符号为主，大多以简练的笔画勾勒出某一事物的外部形态。一件陶器上一般只有一个符号，而且绝大多数为单体符号，少数为合体符号。其基本笔画为弧线和直线，间或用少数未戳穿的圆形小戳孔，少到二画，多到十余画，主要是用某种材料制成的锐器在大口尊、缸的坯体上刻画而成。沟槽较深，有些残片往往沿沟槽断裂，沟槽内的颜色与器表一致，笔道深粗均匀，线条自然流畅。有些符号因刻画较深，坯体烧干后槽口张裂，其现存宽度往往大于刻时的宽度。高领罐等泥质灰陶小件陶器则是在陶器烧成后或是使用过程中刻画而成，笔道浅细，刻画处的颜色要比器表要浅。这些刻画符号的发现，为研究中国文字的起源提供了宝贵的实物材料。

第十，石棚山陶文。

石棚山墓地位于内蒙古自治区赤峰市翁牛特旗大南沟，是一处新石器时代小河沿文化墓地。1977年，考古工作者在对该墓地进行发掘时，发现了大量彩陶，其中，在有些陶器上还发现了12个刻画符号。有学者认为它们比仰韶文化半坡类型陶器符号和大汶口文化陶器符号的结构更为先进和复杂，体现了小河沿文化的先民对中华文字创造的重大贡献，同时也说明该文化进入了一个更为文明的历史阶段。

此外，在河南临汝煤山、汤阴白营、偃师伊河、淮滨沙家、淅川下王岗、永城王油坊，河北永年台口，陕西绥德小官道、洛南薛湾、商县紫荆等其他龙山文化遗址中，也有零星陶文或陶器符号发现。

综上所述，以上这些陶文或陶器符号都是龙山时代的产物，表明这一时期很可能已出现文字，并在一定范围内被使用。可以说，这些陶文对于研究中国古代文明的起源、中国早期文字的产生和中国远古历史的发展等问题均具有极其重要的价值。龙山时代陶文的发现与研究，不仅改变了我国文字的发展演变史，使汉字的源头追溯到了四千多年前，也使我国的文明发展史大为提前，表明早在四千多年前的龙山时代甚至更早，我国就已进入了文明社会发展阶段。包括城子崖先民在内的我国古代先民，以一种领先的姿态，正式跨入文明社会的门槛。

第七章

JINAN 济南故事

金属冶铸现龙山

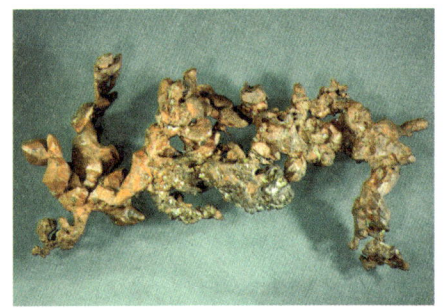

自然铜

除了城市和文字以外，金属工具的出现也是人类社会步入文明阶段的重要标志。考古发现和研究表明，在世界范围内，最早被人类发现和使用的金属是铜。目前我们所见的早期铜器多为青铜器，而人类最早发现和使用的则是红铜，青铜实际上是红铜与其他一些金属融合的合金。红铜，也称纯铜，它存在于自然界中，故又称自然铜。自然铜呈红色，含铜量可高达95%以上，是被石器时代的原始人类在寻找石料打制石器时偶然发现其特殊性能并加以利用的。它的熔点为1 083℃，也可锻打成器。所以，有学者认为，在青铜时代之前应该有一个先使用红铜的时期，即"铜石并用时代"，欧洲有些学者称其为"红铜时代"，它是由新石器时代向青铜时代过渡的一个物质文化发展阶段。在这一阶段中，铜、石之所以并用，是因为红铜的性能不佳，硬度比较低，质地比较软，不能在较广范围内代替石器。只有在青铜被发明和应用后，金属器物才能在较广的范围内取代石器。

从目前我国的考古发现情况来看，我国古代先民发现和使用铜的历史很早，至少可以上溯到距今6 000年前后。不过，奇特的是，我国迄今所发现的年代最早的铜制品竟然不是红铜器，而是陕西临潼姜寨仰韶文化遗址中出土的一枚黄铜片。无独有偶，同类制品在山东胶县三里河龙山文化遗址中也曾发现过，是锥类黄铜制品。此外，考古工作者在陕西渭南仰韶文化遗址和山西绛县周家庄龙山文化遗址中也发现有黄铜制品。然而，黄铜是铜与锌的合金，按理说应该比红铜出现得要晚。所以，对于我国史前时期是否能冶炼出黄铜，学术界存在争议。但经过有关学者的实验，结果表明在史前时期出现早期黄铜是完全有可能的。有学者认为，在陕西、山东、山西等地的新石器时代遗址中发现的黄铜制品均具有早期铜器的特征，应是在原始冶炼条件下偶然得到的产物，也是世界上最早的黄铜制品。

至于红铜，虽然也可以被制成各种器具，但由于自然界中的红铜数量很少，加之性能不佳，存在不少缺陷，故多被古人用于制作礼仪性的明器或形体较小的工具与装饰品。以我国的考古发现为例，在甘肃的皇娘娘台、大何庄、齐家坪、秦魏家等一些距今4 000多年前的齐家文化遗址中就出土有不少红铜器。此外，考古工作者在山西襄汾陶寺龙山文化遗址和河南汝州煤山龙山文化遗址中也发现有红铜制品。据研究，这些器物多是用冷锻法锤击而成的，少数则是以陶范法铸造的。如果说黄铜制品是偶然的产物，那么这些红铜制品则是随着冶金技术的发展，我国先民逐渐从无意识行为发展为有意识行为的产物。

从世界范围来看，世界上最早的冶铜技术出现在西亚地区，但众多文献记载和大量考古发现表明，我国的青铜冶铸出现得也相当早。但我国的青铜冶铸业究竟始于何时，目前还难以做出明确判断。从文献记载来看，大约在5 000多年以前，古史传说中的黄帝时代就已出现铜制兵器。考古发现表明，早在仰韶文化时期，我国就已出现铜器。而迄今我国发现的早期铜器，则以甘肃地区最多。1977年，考古工作者在甘肃东乡林家马家窑文化遗址第20号房址中发掘出了一把铜刀，经鉴定，此刀属锡青铜制品，是用两块范闭合浇铸而成的。经碳十四断代法测定，其年代距今约5 000年，所以这把铜刀是我国目前所见最早的青铜铸件。除了这把青铜刀以外，甘肃永登蒋家坪的马厂文化遗址中也出土了两把青铜刀，经测定年代距今约4 300年。另外，在距今4 000年左右的秦魏家、齐家坪等齐家文化遗址中还出土了刀、凿、锥、斧、指环、铜镜等数十件铜器，经鉴定，既有红铜制品，也有锡青铜和铅青铜铸件。其中，甘肃广河齐家坪和青海贵南尕马台出土的两面铜镜均为锡青铜制品，是我国目前所知年代最早的铜镜。于是，有学者据此提出冶铜技术可能是由黄河上游向中原地区传播的。

那么，时代比仰韶文化、马家窑文化稍晚，而比齐家文化略早的龙山文化时期是否也已出现铜器了呢？考古发现表明，龙山时代已经进入"铜石并用时代"。中原地区最早的青铜器发现于河南龙山文化中晚期，在距今约4 300年——

陶寺遗址出土红铜铃

4 000年的中原地区龙山文化遗址（例如河南王城岗龙山文化遗址）中也发现有铜制品和冶铜遗存。而在距今约4 500年—4 000年的山东龙山文化各遗址出土的铜制品中，成形者只有一种，即胶县三里河遗址出土的黄铜锥和栖霞杨家圈遗址、牟平照各庄遗址出土的铜锥。至于距今约4 500年—3 900年的龙山文化陶寺类型，其发祥地陶寺遗址中曾出土了一件红铜铃。此外，考古工作者在距今5 000年左右的红山文化遗存中还发现了铜渣。在北方的长城东段、燕山南北一带，也发现了一些铜制品或与冶铜有关的遗物。因此，有学者认为中国的铜石并用时代并不完全属于红铜，也就是说中国没有"红铜时代"，因为当时已出现了黄铜和青铜。这也表明，中、西方早期用铜文化的发展因矿产资源的差异而各自走了不同的路。

综上所述，从目前的考古发现可以看出，中国的早期铜器主要发现于黄河流域，分为西北黄河上游、中原黄河中游和海岱黄河下游三个地区。尽管西北地区的青铜制品比中原地区出现的年代要早，但是最早的青铜容器却是在中原地区出现的。研究表明，中原地区龙山文化遗址中发现的铜器及熔铜坩埚片较多，反映了当时中原地区的青铜冶铸业要比其他地区更为先进。例如河南登封王城岗遗址出土的铜容器残片很像是鬶类器物的残片，此类体型较大的铜容器一般铸造工艺比较复杂，应是用复合范铸造而成的。再如河南汝州煤山遗址出土的坩埚残片内壁留有0.1厘米的铜液遗迹达6层之多，说明这件坩埚曾多次用于熔炼铜液，这也是冶铸技术进步的体现。由于中国青铜文明以系列青铜容器组成的礼器为最显著特征，所以青铜容器的出现才真正反映出冶铸技术的进步。从这一点来讲，在龙山时代，中原地区的青铜冶铸业应是最为发达的。

不管怎样，不少分布于黄河中下游地区的龙山文化遗址中都出土了铜制品，这已是不争的事实，再次充分表明人类文明的曙光已出现在龙山时代。可以说，金属铜的发现和铜器的发明，不仅标志着社会生产力发展到一个新的阶段，而且也表明人类历史进入了一个新的时期。

在以城子崖遗址为代表的山东龙山文化遗址出土的遗物中，有一种器物以其独特的材质、迷人的光泽、神秘的工艺、超凡的魅力而闻名于世，它就是龙山黑陶。

因其与以彩陶为特征的仰韶文化有着显著不同，所以龙山文化在发现之初曾一度被称为"黑陶文化"。传说以虞舜为首领的东夷先民是一个崇尚黑色的部族，所以他们烧制的陶器多以黑色为主。虽然黑色陶器在我国境内的各古代遗址中并不少见，但有一类黑陶却与众不同，它以其独有的陶土材质和独特的制作工艺而仅见于山东境内的各龙山文化遗址中，它就是"蛋壳黑陶"。蛋壳黑陶是龙山时代东夷人生活习俗和审美观念的反映，也是当时工匠超凡智慧和卓越技艺的结晶。之所以称其为"蛋壳陶"，是因为此类陶器的器壁薄如蛋壳，当然这只是个比喻，形容器壁非常薄。在此类精美的陶器中，"蛋壳黑陶杯"可谓其标志性器物和杰出代表作。

蛋壳黑陶高柄杯

如图所示，这种蛋壳黑陶杯的器形一般可分为三部分：上部是一个敞口、侈沿、深腹的小杯；中间是透雕中空的柄腹，如倒置的花蕾；下部是覆盆状底座，由一根细长管连成统一的整体，形态纤巧秀致，有一种动人的节奏感和韵律美。从整体来看，它"黑如漆，亮如镜，薄如纸，硬如瓷，掂之飘忽若无，敲击铮铮有声"，因此被世界各国考古界誉为"四千年前地球文明最精致之制作"。

据专家研究，蛋壳黑陶杯是由快轮法制成的，故器壁厚度均匀，且最薄处仅为0.2—0.3毫米。而制作它所使用的陶泥全部是经过反复淘洗的河湖沉积细泥，所以陶胎内不见任何杂质，其质地细密坚硬，渗水率极低。此外，因胎体表面经过长时间打磨，使得石英、云母、绢云母等反光物质的颗粒顺着一个方向排列，对光线的反射由漫反射改为平行反射，故而器表熠熠发光。加之镂孔、旋纹、刻画等装饰工艺的运用，使器物显得愈加精致典雅、精美绝伦。可以说，蛋壳黑陶杯的制作工艺达到了我国古代制陶史上的巅峰，即使如今的研究人员和工匠，在不借助先进设备的情况下，模仿烧制如此轻薄的陶器也非易事。这充分说明龙山文化时期的制陶工匠对陶土原料的筛选、制陶工艺的运用和烧窑技术的掌握均已达到了十分高超的境地。

山东大学博物馆馆藏蛋壳黑陶高柄杯

从考古发掘情况来看，蛋壳黑陶杯多出土于龙山文化时期的墓葬中，但并非所有墓葬都有，而是仅见于少数大中型墓葬中。与众不同的是，墓中所葬蛋壳黑陶杯的位置尤为显要，往往是被单独摆放，而不与其他随葬品混杂。此外，目前已出土的蛋壳黑陶杯，无论是残片还是完整器物，均造型各异，独具特色，说明每一只的设计都是独特的，由此可见此类器物并非批量生产。这些迹象足以说明蛋壳黑陶杯在当时应是一种极其珍贵的"高端奢侈品"，并非一般人可以拥有，很可能是一种部落首领用以显示尊贵身份的礼器，也或许是贵族在祭祀、征战、宴飨、丧葬时所使用的礼器，为其身份、等级、地位和权力的象征。这不仅意味着人类对陶器的需求已经由实用性上升到审美性、由物质的层面提升到精神的层面，也意味着当时的社会已出现贫富差异，并产生阶级分化。

  蛋壳黑陶杯之所以如此珍贵，不仅是因为其年代久远、工艺精湛，还因为存世的完整器极少。可以说，目前所发现的蛋壳黑陶杯，每一件都称得上是国宝。据相关资料记载，蛋壳黑陶残片最早是由著名考古学家吴金鼎于1928年在山东章丘城子崖龙山文化遗址中发现的。在这之后，虽然蛋壳黑陶器物的碎片在考古发掘中屡有发现，但却始终没有完整的蛋壳黑陶器皿现身。由于蛋壳黑陶出土甚少，所以在20世纪50年代之前，学者们对它的了解还非常有限。直到20世纪60年代，考古工作者在对山东潍坊姚官庄龙山文化遗址进行发掘时，出土了一批蛋壳黑陶器物，蛋壳黑陶的真面目才为人们所认识。1974年，时任山东省文物考古研究所所长的张学海在由其主持发掘的城子崖遗址中发现了一座龙山文化时期的墓葬。在将该墓葬全部开掘后，竟然出现了一堆蛋壳黑陶碎片。在场的考古工作人员又惊又喜，不禁对其充满了疑惑与期待：这堆碎片是否属于同一个完整的蛋壳黑陶器物呢？当时参与发掘的郑笑梅主动请缨，要独自对这堆碎片进行分析、比对和拼合。经过半个多月的不懈努力和精心研究，郑笑梅终于复原出一件完整的蛋壳黑陶器，这真是一个莫大的意外收获。

  与此同时，比较完整的蛋壳黑陶器物在省内其他龙山文化遗址中也开始陆续被发现，其中最具代表性的当属临沂大范庄龙山文化遗址。该遗址位于山东省临沂市河东区相公街道办事处大范庄西500米处的一片名为"西岭"的高台地上，于1965年在当地村民取土时被发现。该遗址南北长约500米，东西宽约400米，面积约20万平方米，文化堆积厚约1.2—2米。1973年春，当地村民在平整土地时发现了一处龙山文化墓葬，随后当时的临沂文物组及时组织人员进行了清理，并对该遗址进行局部发掘。历时21天后，本次发掘工作结束，共清理出26座龙山文化墓葬，出土随葬品768件。其中，19座墓中出土蛋壳黑陶高柄杯共计30余件，可谓收获颇丰。1977年11月，山东省博物馆派人联合临沂地区的考古人员对大范庄遗址进行了第二次考古发掘，共清理龙山文化墓葬15座，出土随葬品130余件，其中蛋壳黑陶杯5件。据说，此次发掘工作结束后，当地村民再次平整土地时又发现了一批器物，其中也有5件蛋壳黑陶杯。可以说，临沂大范庄龙山文化遗址所出土蛋壳黑陶杯的数量在当时创了全国之最，为学者们研究龙山蛋壳黑陶提供了相当丰富和极为珍贵的实物资料。这批龙山文化蛋壳黑陶杯，后来大部分入藏临沂市博物馆，少数则被北京故宫博物院和山东博物馆收藏。

　　总之，从目前的考古调查和发掘情况来看，蛋壳黑陶器物主要出土于济南、潍坊、临沂、淄博、青岛等地区的龙山文化墓葬中，地域分布不出山东范围，可见蛋壳黑陶乃名副其实的"山东特产"。具体而言，无论是从考古发掘情况还是从民间征集情况来看，目前发现的蛋壳黑陶杯基本都发现于离黄河入海口不远的地方。不过，因为历经数千年的风雨侵蚀和尘土埋藏，大多数蛋壳黑陶杯在出土时就已成碎片，所以存世完整的蛋壳黑陶杯极为稀见，完全有资格称为稀世珍宝。

　　由于目前存世的完整蛋壳黑陶杯极少，所以人们只能在中国国家博物馆、北京故宫博物院、山东博物馆、山东大学博物馆、日照市博物馆、临沂市博物馆等少数文博单位才可以见到它们的身影。对于一名专业考古工作者来说，如能在考古生涯中亲自发掘出一件较为完整的蛋壳黑陶杯甚至残片，那也是非常幸运和值得骄傲的事了。

　　在日照市博物馆的"日照龙山文化陈列厅"中，有一件蛋壳黑陶高柄杯尤为引人注意。此器整体分为三部分：上为杯状部分，敞口，尖唇，杯体为圜底；中为椭圆蛋形中空柄，分布着

日照市博物馆馆藏蛋壳黑陶镂空高柄杯

雨点状斜割镂孔；下为圈足。杯高19.2厘米、口径9.7厘米、足底径5.1厘米、柄径5.1厘米、腹径5.1厘米、柄高6.9厘米，重105克，通体光亮，造型体态轻盈，挺拔秀丽，制作技艺精美绝伦，为龙山文化时期黑陶制作工艺最高水平的代表，是一件稀有的古代艺术珍品。

说起日照市博物馆所藏的这件蛋壳黑陶杯，还有一段有趣的故事呢。20世纪70年代，时任日照市图书馆文物组组长的杨深富经常骑着自行车去各地调查遗址、征集文物。1978年的某一天，杨深富和同事李玉华一起来到日照东海峪村（现属日照经济开发区北京路街道办事处）调查。之所以到此调查，是因为此地有个东海峪遗址，该遗址早在1960年就已被发现，是一个含有大汶口文化和龙山文化两个时期遗物的古代遗址。二人到达东海峪村后，先找到大队书记了解情况。在座谈中，提到文物征集，大队书记突然说村里的一位村民牟宗慎手里好像有个黑陶杯子。杨深富闻听此事，赶忙让大队书记帮忙找人去请牟宗慎把杯子拿来看看。不多时，牟宗慎拿来了杯子。杨深富略一端详，顿时兴奋起来，连忙问牟宗慎这杯子从何而来。牟宗慎如实说是自己在一次种地挖土时偶然发现的，见此物油黑光亮就拿回了家。其实，在当时，东海峪遗址只是一片农田，村民们在耕作时经常会发现些古物，但并不知这些东西为何物，有什么价值，所以对它们也不太在意。杨深富告诉牟宗慎这件黑陶杯子是文物，根据国家相关文物法规，出土文物应该收归国家所有。牟宗慎倒也十分爽快，同意将黑陶杯子交给国家。作为奖励，杨深富给了他一块五毛钱。就这样，一件4 000多年前的稀世珍宝，被杨深富仅用一块五毛钱就换了回来，交给了当时的日照市图书馆文物组保存，之后又转交给日照市博物馆。而杨深富后来也成为日照市博物馆的副馆长，一直守护着这件国宝，从而成就了一段佳话。

无独有偶，日照东海峪遗址出土的蛋壳黑陶杯可不止日照市博物馆馆藏的这一件，还有一件更漂亮的蛋壳黑陶高柄杯藏于山东博物馆，为该馆的"十大镇馆之宝"之一。这件蛋壳黑陶杯于1975年出土于日照市东海峪遗址的一座龙山文化墓葬中，通高19厘米、口径4.5厘米，整体造型细高灵巧，轻巧秀致，袅娜生辉。此杯为泥质黑陶，器表乌黑光亮。整个器形可分为三部分：上部为一个敞口、侈沿的深腹杯，杯腹中部装饰六道凹弦纹；中部是细管形的高柄把，柄把两端较细，中间圆鼓，如一个倒置的花蕾，细柄中部鼓出部分中空并装饰整齐均匀的细密镂孔，其内放置一粒陶丸，将杯子拿在手中晃动时，陶丸碰撞笼壁会发出清脆的响声，杯子站立时，陶丸落定能够起到稳定重心的作用；下部为覆盆状的圈足底座。整体而言，此杯造型设计十分巧妙，制作技艺堪称精湛绝伦，浑身散发着一股迷人的神奇魅力。时至今日，不知有多少人曾在这件高颜值的蛋壳黑陶高柄杯面前流连忘返，久久凝视，无不为上古先

山东博物馆馆藏蛋壳黑陶高柄杯

山东博物馆馆藏蛋壳黑陶高柄套杯

民的超凡智慧和精湛工艺所震撼与折服。

除了蛋壳黑陶高柄杯以外，山东博物馆还藏有一件蛋壳黑陶高柄套杯。此器物于1960年出土于山东省潍坊市姚官庄龙山文化遗址，通高16.9厘米、柄高13.2厘米、口径12厘米、内径4.9厘米。这件巧妙的套杯组合，杯柄内套入杯胆，杯胆宽沿宛如草帽，也似盛放的花朵，深腹大容量，其柄身则塑成竹节

状。这件套杯制作工艺复杂，器型规整匀称，胎壁薄脆如蛋壳，能完整留世，实属罕见。

当然，在全国所有文博单位中，单从蛋壳黑陶杯来看，馆藏数量最多的当属临沂市博物馆了，大概有数十件。那么，很多博物馆都一杯难求，为何该馆会有如此多的"稀世珍宝"呢？这主要得益于临沂地区有着大量龙山文化遗址和墓葬，其中有不少贵族墓葬，所以才能出土如此多的蛋壳黑陶器物。从目前的考古发掘情况来看，这些蛋壳黑陶器物除了出土于临沂市河东区大范庄龙山文化遗址以外，在罗庄区罗庄街道办事处湖台、兰山区义堂镇朱保村等龙山文化遗址和墓葬中也都有发现。据统计，目前临沂地区出土的蛋壳黑陶器物总量已超过50件。值得一提的是，在临沂市博物馆所藏的蛋壳黑陶杯中，有一件器物虽高20厘米，但却仅重50克左右，堪称精品。

张国庆黑陶作品

总之，目前留存于世的蛋壳黑陶器物非常稀少，而且如此精美的蛋壳黑陶器物在历史上的存在时间并不长。到了龙山文化晚期，此类器物的制作工艺水平逐渐下降，日益粗糙，到岳石文化时期就突然消失了，成为历史长河中的"昙花一现"，也留下了一个不解之谜。

由于蛋壳黑陶风格独特，色泽诱人，工艺精良，魅力非凡，所以至今仍吸引着很多人去模仿和复制。在今天的济南市章丘区龙山街道办事处仍然存在着一些复制黑陶器的作坊，只是黑陶产品的做工参差不齐，工艺水平与真品仍存在一定差距。但无论怎样，他们传承古代绝技和文化遗产的精神是值得肯定和赞扬的。

据说，山东博物馆的钟华南是第一位成功使用古法烧制出蛋壳黑陶的人。但他在经历了无数次的失败之后，却只成功烧制成一件。中国黑陶非物质文化遗产传承人、山东省工艺美术大师张国庆也是一位复制蛋壳黑陶的高手。作为土生土长的章丘龙山人，他还在自己的故乡建起了城子崖黑陶艺术博物馆，以传承和弘扬黑陶文化。他从事黑陶制作和生产已有20多年，从1997年开始尝试做蛋壳陶，经过无数次的实验和失败，直到2011年才真正做出第一件蛋壳陶，成功恢复了拉坯成型制作蛋壳陶的传统工艺。其黑陶制作技艺高超，经验丰富，尤其善于手工拉坯、刻花和制作蛋壳陶杯。他的作品造型典雅、古朴大方、工艺精湛，曾多次在省（市）级以上展览中获奖。他曾耗时160天完成了一件体型不大的蛋壳黑陶杯，杯子最薄的地方只有0.05毫米，可谓薄如蝉翼，不禁让人心生感叹。据悉，包括张国庆在内，目前国内能做得出精致蛋壳黑陶杯的工匠和艺人可谓屈指可数。由此可见，复制蛋壳黑陶的工艺难度之大和技术要求之高，也让我们对龙山先民的独特审美、超凡智慧和高超技艺愈加佩服了。

像张国庆一样，刘德功也是中国黑陶非物质文化遗产传承人和中国黑陶工艺美术大师。他也是土生土长的章丘龙山人，还曾是个地地道道的农民。他凭着对龙山黑陶文化的执着与热爱，经过30多年的孜孜追求和艰辛探索，终成为一代黑陶工艺大师。从20世纪90年代在龙山创办烧制黑陶的作坊，到1995年成立刘德功陶艺工作室，再到2005年制作"龙山魂"黑陶系列作品

刘德功黑陶作品

在山东省首届文博会上获得优秀奖,这期间的每一步,刘德功走得都异常艰辛。但"功夫不负有心人",他将镂空、镶嵌、阴刻、阳刻等艺术手法融汇贯通,把历史沧桑与现代风情凝聚一体,实现了"金木水火土"的完美结合,先后创作出"大美济南""济南名士多""济南新八景""泉涌十艺""凤舞东方""东荷西柳""和谐之珠""高歌""篱透天香"等多件经典作品,并多次荣获中国工艺美术精品奖金奖。他还将自己制作的龙山黑陶艺术作品带到国际舞台上展出、交流,赢得了各国观众的一致赞誉。可以说,刘德功怀着复原古老龙山黑陶技艺、继承和弘扬黑陶文化的崇高理想,坚守初心,经过数十年如一日的艰辛探索与实践,终于使龙山黑陶在新时代绽放出绚烂的色彩,闪烁出耀眼的光辉。

其实,作为龙山文化发祥地的章丘龙山,除了像张国庆、刘德功这样大师级的艺人以外,如今还有不少工匠和艺人也默默传承着蛋壳黑陶的制作工艺。据统计,形成一定规模的黑陶厂仅在章丘龙山就有60多家。正是在这些工匠和艺人的共同呵护和传承下,龙山黑陶才得以逐步成为国际知名的文化品牌。2009年,龙山黑陶被确定为第十一届全运会的指定礼品。2010年4月,在上海世博会举办期间,龙山黑陶厂制作的蛋壳黑陶杯入驻山东馆,与鲁班锁、孔子像、陶尊等一起向全世界展示山东的文化品牌。同年10月,"龙山黑陶"地理标志证明商标申报成功,成为国内第一个艺术和工艺品类地理标志证明商标。2011年,在对外文化交流中,龙山黑陶作为山东文化的代表赴韩国、香港、台湾等国家和地区展览,受到了广泛关注,获得了良好赞誉。以上情况充分表明,龙山黑陶不仅成为山东的一个文化品牌,而且日益成为中国文化的一个代表而登上国际舞台。

总之,无论是山东地区各龙山文化墓葬出土的蛋壳黑陶真品,还是当今山东各地的工匠和艺人仿制的蛋壳黑陶工艺品,均说明蛋壳黑陶器已被看作山东龙山文化的标志性器物,是名副其实的"山东特产"。蛋壳黑陶作为我国古代制陶艺术的巅峰之作和黑陶中的极品,堪称东方艺术珍品,世界陶艺一绝。这颗"黑珍珠"像许多中华民族文化瑰宝一样,历经数千年岁月的打磨,渗透着浓郁的东方文化气息,散发出璀璨的人类文明之光。

JINAN 济南故事

第九章

龙山宝玉现华光

中国是世界上最早制作和使用玉器的国家之一，从新石器时代至今大概已有7 000多年的历史。7 000多年前的先民们在选择石料、制作石器的过程中，有一定审美观的人会将捡到的一些表面光滑、色泽艳丽的漂亮石头有意识地制作成各种装饰品，从而揭开了中国玉文化的序幕。

可以说，中华民族爱玉、尊玉、敬玉、崇玉、用玉的历史不仅漫长悠久，而且中国人对玉的喜好程度在整个人类历史上也是绝无仅有的，这不仅体现在文献记载中，更反映在考古发现里。从考古发现情况来看，红山文化、仰韶文化、良渚文化、大汶口文化、龙山文化、齐家文化、石家河文化等遍布全国的诸多新石器时代文化遗址中均出土了大量材质各异、造型多样、工艺精良、纹饰精美的玉器。尽管在我国历史发展的各个时期均存在着富有时代特征的代表性器物，例如陶器、石器、骨器、青铜器、瓷器、铁器、金银器、漆木器等，但是这些器物只是在历史长河中的某一阶段各领风骚，没有一类能像玉器一样具有永恒的魅力，长期以来一直受到人们的宠爱，经久不衰，这也成为我国独有的文化特色。

考古发掘和研究表明，在我国龙山文化时期，玉文化非常盛行。因为在目前所见的龙山文化遗物中，除了蛋壳黑陶以外，最具特色的当属玉器了。龙山文化玉器与龙山文化陶器一样，不同区域和系统之间也存在着共性与差异。从目前全国各地发现的龙山文化遗址中出土的玉器来看，由于各个地区的龙山文化发展进程并不一致，所以玉器的类型、纹饰、材质、制作工艺及特征也有所差异。具体而言，关于龙山文化玉器的类型，山东龙山文化出土的种类有琮、璧、璜、环、圭、璋、斧、锛、钺、刀、凿、铲、璇玑、冠饰、鸟形器等，其中圭、璋、璇玑、冠饰均为前期少见的新型玉器。河南龙山文化出土的玉器较少，种类主要有璧、璜、环、玉饰等。陕西龙山文化发现的玉器不甚丰富，种类有多孔刀、圭、琮、璧、璜、璋、牙璋、戈、斧、钺、铲、锛、镰、璇玑及玉雕人首、虎首、蚕、蝗、螳螂等肖生器。山西龙山文化（或称"龙山文化陶寺类型"）玉器的器型主要有琮、瑗、钺、梳、臂环、管、步摇等，大致可分为礼器、仪仗、用具、装饰等四类。河北龙山文化亦有少量玉器出土。此外，与龙山文化同时代的湖北石家河文化（曾被称为"湖北龙山文化"）出土的玉器主要有人面、兽面、玉鹰、玉虎、玉蝉、玉鸟、玦、璜等类型，其中动物形的玉器多为写实造型。黄河上游齐家文化出土的玉器可大致分为礼器类、工具类、兵器类、祭奠品类、饰物类等类型。环太湖流域良渚文化（曾被称为"浙江龙山文化"）出土的玉器主要有琮、璧、璜、瑗、玦、环、镯、钺、带钩、纺轮、匕、勺、"耘田器"（刀）、三叉形器、锥形器、柱形器、半圆形器、月牙形器、圆牌、圆饰、梳背（冠状器）、钺冠饰（瑁）、钺端饰（镦）、杖端饰、端饰、柄形器、弹形器、条形饰、半瓣形饰、管、珠、坠、串饰、人、蛙、鸟、鱼、龟、蝉、镶嵌片等40余种器型，其中以琮、璧、钺、梳背、锥形器等为主，而最能反映良渚先民制玉水平的是形制多样、数量众多而又使人感觉神秘莫测的玉琮。总之，在上述各地出土的类型各异的玉器中，琮、璧、圭、璋、戚等都是常见的器物，算是龙山文化时期的典型或代表性玉器，也均为象征龙山人身份和等级之别的礼器。

其实，早在龙山文化时期之前，玉器就已出现，并在一定区域内被广泛使用了。例如比龙山文化时期稍早的辽河流域红山文化，该文化出土的玉器主要有玉龙、玉兽形饰、玉箍形器等类型。红山文化少见呆板的方形玉器，而以动物形玉器和圆形玉器为特色。再如黄河流域仰韶文化出土的玉器主要有玉坠、玉斧、玉锛、玉凿、玉环、玉璜等类型。此外，山东龙山文化的直接源头大汶口文化的玉器由于之前所出不多，故长久以来无法探究其玉文化的发展概貌，但随着近年来济南焦家遗址的发掘和一批大汶口文化玉器的出土，大汶口文化玉器的制作和使用情况才逐渐为人们所了解，看来龙山文化时期玉文化之所以如此盛行是有根可寻的。

龙山文化玉器中不仅有素面玉器，也有刻纹玉

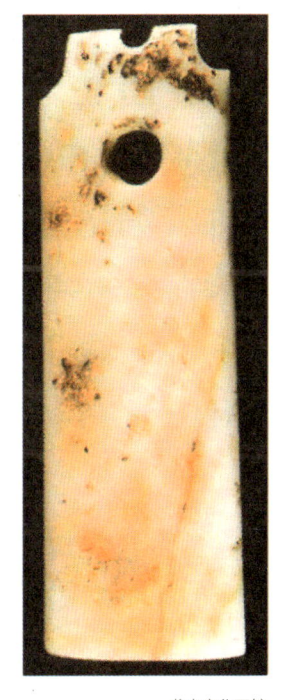

龙山文化玉铲

龙山文化涡纹眼玉神像

龙山文化玉琮

龙山文化玉人

器。龙山文化玉器的装饰手段和加工工艺，最明显的特色和最突出的特点为剔地阳纹（或称"压地阳纹""减地阳纹"）。此种工艺的原理就是要制作阳线，具体流程为：首先刻出两条阴线作为阳线两边的轮廓，然后分别剔除两边多余的部分以将阳线凸起，最后还要对剔除部分的表面进行平整、打磨，工序可谓相当复杂。即使现代制玉行业，也因工艺复杂、技术要求高而很少使用阳纹。可以说，在阳纹制作方面，良渚文化玉器、红山文化玉器等其他文化的玉器工艺都远不及龙山文化玉器。其次，龙山文化玉器上的阴刻纹饰，虽然不像良渚文化神人兽面纹（或"兽面羽人纹"）那样成为特有的标志，却也别有一番韵味。再次，镂雕工艺的运用也是龙山文化玉器的一大特色。最后，一些龙山文化玉器上所饰的抽象变形纹饰，诸如玉簪上的变体兽面纹、玉头饰上的变形夔龙纹、玉璇玑上的旋涡纹、玉锛上的兽面纹等，也反映了龙山文化玉器的独特面貌，使人感觉神秘莫测，极其耐人寻味。据学者研究，玉锛上的兽面纹应为商代青铜器上兽面纹的祖型。此外，龙山文化玉器以"人"为题材的纹饰也极具特色。此类纹饰主要出现在人形玉饰上，且形态非常相似；无论正面还是侧面均以人的头部作为表现对象，而对颈部以下则不做雕琢；整体形象一般为头戴冠帽、耳佩挂环、大眼如梭、宽鼻若桃、张口露齿、附带獠牙，既写实又夸张，既形象又神秘。总体而言，龙山文化玉器的纹饰多采用浮雕阳纹与线刻阴纹两种形式，但不论哪种形式，其末端通常会以圆形勾转收尾，从而形成了"勾转阳纹""勾转阴纹"等龙山文化玉器纹饰的鲜明特色和独特艺术风格。

龙山文化玉器与其他古文化玉器相比，除了类型、纹饰、制作工艺等有所不同以外，其颜色、用料等方面也存在差异。从现已出土的良渚文化玉器来看，常见玉料有透闪石、蛇纹石、叶蜡石、水镁石、泥岩等，大多为就近取材，少数可能是外来的。据目前发现的考古材料看，龙山文化玉器的颜色主要有白色、青白、青碧、黄色、褐色、墨绿、墨黑等。其玉料来源一般认为是就地取材或就近取材，大多采用莫氏硬度在6—6.5的透闪石软玉，少

龙山文化玉斧

龙山文化兽面纹玉锛

龙山文化玉璇玑

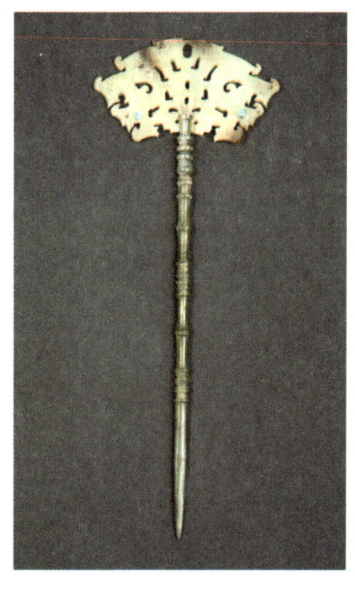

西朱封古墓出土玉簪

数为新疆和田玉。

因为龙山文化首先发现于山东济南城子崖遗址,所以龙山文化玉器也最先出土于山东地区的龙山文化遗址。考古资料显示,1936年在山东省日照市两城镇遗址中出土的一件扁平有孔玉斧为国内首次发现的龙山文化玉器,从而揭开了龙山文化玉器的真面目。与这件扁平有孔玉斧同出于两城镇遗址的还有兽面纹玉锛、玉璇玑、大型玉铲等玉器,其中尤以兽面纹玉锛最为奇特,而以玉璇玑最为神秘。兽面纹玉锛之所以奇特,在于两方面:一是器物上的阴刻兽面纹比较罕见,或为后世青铜器兽面纹的来源和祖型;二是其上下两部分因埋藏位置不同而呈现出不同的沁色。至于玉璇玑,则浑身散发着神秘莫测之美。尽管学者们对其进行了广泛研究,但迄今为止也未能确定此器物的用途和寓意,多数人认为此物可能与祭祀有关。除了日照两城镇遗址以外,山东地区出土玉器的还有胶州市三里河、泗水县尹家城、五莲县丹土村、滕州市庄里西、临朐县西朱封等地的龙山文化遗址或墓葬。其中,临朐县西朱封的一座龙山文化古墓中曾出土了一件精美的玉簪,此器其实是由两部分组合而成的,上端的扇形镂雕玉件是插接在下端的竹节形发簪之上的,体现了当时复杂的制作工艺和极高的制作水平。除了镂雕、插接以外,最为难得的是它还使用了镶嵌工艺,即在白玉上面镶嵌了绿松石,成为我国迄今发现的时代最早的玉石镶嵌艺术品。很难想象,4 000多年前的东夷先民竟然能制作出工艺如此复杂、造型如此精美的玉器,这不得不令后人叹服。

玉器作为中华文化的特有文化现象和中华文明的重要元素之一，自产生至今，数千年来一直都是人类社会阶层、等级和身份的象征，是信仰、权力和地位的形象体现。它们不仅作为一种高端消费品而成为财富的代表，而且作为艺术品反映了古代工匠的超凡智慧和审美观，还有些被用作礼器，体现了古人的原始宗教观念。包括龙山文化玉器在内的各种史前文化玉器，既是当时世俗生活的反映，也是神灵崇拜的载体。玉器作为一种高端消费品而成为物质财富的象征，在史前社会的世俗生活中占有举足轻重的地位。它不仅是贵族阶层权力和地位的一种象征，也是平民阶层信仰与情感的外在体现。除了用以装点生活的装饰性玉器以外，还有一些具有礼仪性质的玉器时常出现在聚会、祭祀等重大活动中，往往以通天法器或通灵法器的形式存在。而通天或通灵是只属于少数部落首领和贵族阶层独享的特权，所以此类玉器并非普通民众能够拥有和使用的。此后，在很长一段时期内，礼仪性玉器一直都是特权阶层的专宠，即便可以买卖，也并非普通民众能负担得起。进入封建社会以后，尽管玉器像青铜器一样也呈现出世俗化趋势，但其作为身份、等级、地位象征的作用却并未动摇。

当年，瑞典考古学家安特生仅仅根据我国西部出土的陶器与西亚地区的陶器类似，就断定中国文化是从西方传来的，然而他却忽视了与中华文明的起源和发展始终相伴的玉器，所以"中国文化西来说"

龙山文化鹰攫人首玉佩

的谬论是站不住脚的。现代考古发掘和研究已经雄辩地证实，早在文字产生之前或出现萌芽的新石器时代，中华文明就已被先民们琢刻在了不朽的玉石中。综观中华玉器发展史，龙山文化可谓继良渚文化之后制玉工艺和玉文化发展的又一个巅峰，代表着中国史前玉器的最高水平。龙山文化玉器以其种类样式之繁多、制作工艺之精湛、刻纹图案之精美、纹饰内涵之神秘、玉质呈色之纷杂，在同时代的玉器中堪称一绝，在中华文化和人类文明的星空中闪烁出耀眼多彩的光芒，成为中华五千年文明无可替代的重要实证。熠熠生辉的龙山文化玉器与红山文化玉器、仰韶文化玉器、良渚文化玉器、大汶口文化玉器、齐家文化玉器、石家河文化玉器、凌家滩文化玉器等一起构成中华文明起源的一个重要标志，孕育了人类历史上一个伟大文明的诞生。

JINAN 济南故事

第十章

龙山先民拜图腾

如前文所言,龙山文化的分布范围十分广泛,在山东、河南、陕西、山西、河北、湖北、四川等地均有发现。不过,本文所说的"龙山先民"仅限于以山东地区为中心的特定区域内的龙山文化时期的先民,即东夷人。文献记载显示,世界各地的不少古代氏族或部落都曾崇拜图腾。尽管崇拜的对象有所不同,但图腾信仰却是世界各民族的共性。考古发现证明,早在新石器时代,我国就已出现图腾崇拜的现象。各个部族都有自己崇拜的对象,当时生活在今山东地区的东夷族自然也不例外。那么,在四千多年前的龙山文化时期,东夷人所信奉和崇拜的图腾是什么呢?

龙山文化早期即公元前2 900年左右,恰逢古史传说中的炎、黄二帝与蚩尤争霸的时代,当时蚩尤率领东夷族西进中原,与炎、黄二帝统领的华夏族之间爆发了激烈的冲突。尽管最后蚩尤战败被杀,但由华夏族创立的仰韶文化也因此受到了严重冲击。蚩尤死后,东夷人的一部分残余势力退居到了山东地区,之后以此地为中心,在南至江苏北部,西至河南东部,北至辽东半岛的广大地区,创造了辉煌灿烂的龙山文化,即如今考古学上所称的山东龙山文化。溃逃至其他地区的东夷人也同时或相继创造出了各自的文化,并将部族首领蚩尤的英名和事迹传播到了全国各地,

蚩尤像

为后人塑造出了一位"战神"的形象。虽然蚩尤死了，但是东夷族却并未没落和消亡。在此后的数千年之间，东夷族凭借其深厚的文化根基和顽强的生命力，一直与华夏族争战在历史舞台上。例如在夏、商、周三代的更替过程中，东夷人先是帮助商族灭了夏王朝，后又在与商王朝的冲突中耗尽了商朝的元气，从而间接地帮助周族灭了商王朝。可以说，夏、商、周三代的更替和三个中原王朝的兴亡都是有东夷人参与的。不过，正是东夷族与华夏族之间的不断冲突和文化融合，才得以推动中华文明不断向前，使得中华民族生生不息、世代传承。

关于东夷族与华夏族之间的文化冲突与融合，一个重要体现就是图腾崇拜和宗教信仰。考古发现和研究表明，东夷人的图腾与信仰和华夏族的截然不同。然而，尽管不同地域的龙山文化内涵略有差异，但各地龙山先民的图腾信仰却存在着高度的一致性，即大都以凤鸟作为主要图腾崇拜对象。以山东龙山文化为例，各遗址所出土陶器、玉器、石器等器物的造型或图案以鸟类居多，这与红山文化、良渚文化等以龙为主的风格有着明显不同。不过，这恰与文献记载相吻合。

从文献记载来看，东夷人与鸟的关系是有历史渊源的。早在三皇五帝时期，即大汶口文化晚期至龙山文化时期，在今山东地区生活着一群以凤鸟为图腾的原始居民。例如《大戴礼记·五帝德》所载"东方鸟夷民"，因为东夷人以凤鸟作为图腾崇拜的对象，所以也被称为"鸟夷"。再如《左传》记载，在少昊统治时期，其所辖氏族均以鸟为族名、族徽和官员的标识。在他的管辖范围内有玄鸟氏、青鸟氏等24个氏族，24个氏族又组成了"五鸟""五鸠""五雉"和"九扈"四个胞族，从而形成了一个以凤鸟为图腾的庞大氏族部落社会。还有文献记载，在位列"五帝"的帝喾执政时期，他的一位夫人简狄于某天到玄丘河中沐浴时，忽见天上飞来两只玄鸟。二鸟飞走时留下了一枚蛋，简狄误将其吞入腹中，没想到却怀了身孕，后来生下一个男孩，起名为"契"。契后来成为商朝的始祖。这便是"天命玄鸟，降而生商"的传说。著名上古圣王、"五帝"之一的舜，也曾为东夷人的首领。史载，舜即帝位之时，乐工们用五彩羽毛作为装饰，扮成各种美丽的飞鸟，呈现出"百鸟朝凤"的宏大场面，实际上就是东夷先民对鸟图腾和舜进行崇拜的真实写照。有意思的是，在甲骨文中，"舜"字为鸟头人身的象形字，有人鸟合一的含义。可见，在东夷人的心目中，舜就等同于鸟图腾，已被神化了。再如在尧舜禹时代，东夷首领皋陶为掌管典狱和刑罚的大臣，但是他的儿子却被封为掌管火种和驯养鸟兽的官员。由此可见，东夷人之所以以鸟为图腾，大概源于以上这些东夷首领。不过，东夷人所崇拜的鸟图腾实际上有很多种，但地位最高的图腾可能是鹰和凤，它们也是东夷部族中最为常见的图腾。

据考古发现观察，东夷人以鸟为图腾的证据可就更多了。可以说，在大汶口文化晚期和龙山文化时期，即传说中的三皇五帝时期，凤鸟的形态已经普遍出现在了东夷人的日常生活中，东夷人鸟图腾崇拜的痕迹历历可见。首先，东夷人把平时用于烧水、煮饭的一些陶器塑成了鸟形或鸟某一部位的形状。例如济南章丘城子崖龙山文化遗址中曾出土两件残断的鸟头形陶盖纽，一件简单写意，另一件造型具体生动，或为鹰的形象。日照两城镇龙山文化遗址中曾出土一件红陶器盖，系手捏而成，中央纽作鸟头形，以泥丸作眼，整体造型非常别致。潍坊青州凤凰台龙山文化遗址中曾出土2件鸟形器盖纽，造型生动形象。潍坊姚官庄龙山文化遗址中也曾出土过4件此类鸟形陶盖纽，形象各不相

汉墓脊顶凤鸟壁画

龙山文化"鬼脸式"足鼎

龙山文化博物馆馆藏红陶鬶

同，鸟头皆用写实手法捏塑，制作粗糙且简单，但非常逼真，多用贴塑泥饼表示眼睛，造型生动有趣。此外，山东龙山文化的"鬼脸式"鼎足可能是模拟鸟喙的，也或许是鹰类鸟头的塑形。再如龙山文化博物馆所藏的一件"镇馆之宝"红陶鬶。此器属龙山文化时期，整体造型似一只展翅欲飞的鸟，应是东夷族少昊氏鸟图腾崇拜的实物证据。据学者研究，陶鬶是大汶口文化时期和龙山文化时期的典型器物，也是东夷文化的代表性陶器，无论各式陶鬶的形制如何，其造型模仿的均是鸟的形状。除了龙山文化博物馆所藏的红陶鬶以外，1960年于山东潍坊姚官庄龙山文化遗址出土的红陶锥足鬶、黄陶乳钉纹鬶和1976年于山东青州赵铺龙山文化遗址出土的鸟形陶鬶也都是东夷人鸟图腾崇拜的很好例证。还有安徽省亳州市的尉迟寺遗址中曾出土一件大汶口文化时期的鸟形陶器，这件被誉为"鸟形神器"的器物就是东夷人崇拜鸟的铁证之一。2018年4月，考古工作者又在陕西省榆林市神木县高家堡镇石峁龙山文化遗址中发现一件东夷族的图腾标志——大型陶鹰。正如尹达先生在《中国新石器时代》一书中所言："龙山文化遗址器盖上的纽子多像鸟头，鬶形器多像鸟的全身。"著名考古学家刘敦愿先生也曾指出："东夷族以鸟为图腾是其突出的特征，小型的陶鸟及鸟头形

石峁遗址出土大型陶鹰

龙山文化鹰攫人首玉佩

纽的器盖屡有发现。陶器全形似立鸟之状,或部分结构如鸟喙的情况更是多见。"

其次,不少鸟形玉饰和玉器上的鸟形图案也是东夷人鸟图腾崇拜的重要证据。在反映图腾信仰的龙山文化玉器纹饰中,也以鹰纹、凤纹比较常见。此外,还有一种特殊纹饰——人、鸟、兽合体纹饰,也反映了东夷人对鸟图腾的崇拜。例如龙山文化青玉鹰攫人面饰,被设计为鹰爪攫人头的形象,寓意以鹰为图腾的东夷族生擒敌首领,并猎头以祭祀,这形象地反映了当时各部族之间相互争战的情况。出土于山西省襄汾县陶寺遗址的龙山文化玉兽面,具有东夷族图腾鸟的形象,承载着鲜明的东夷文化基因。总之,龙山文化时期各遗址出土的玉鸟数量众多且造型复杂,玉器上的鸟形纹饰更是多种多样,它们都是东夷人鸟图腾崇拜的重要实证。

再次,有学者认为东夷族鸟图腾崇拜与文字的起源也有密切关系。文字最初是祭司、巫师记录神灵语言、传达神灵旨意的一种工具。迄今为止,虽然还未发现比殷墟甲骨文更早的成熟文字,但是甲骨文的重要源头——刻画符号(例如陶文)却已在不少大汶口文化遗址和龙山文化遗址中被发现。其中,有个别出现频率高、分布范围广的刻画符号被认为与鸟图腾崇拜有密切关系，如莒县凌阳河遗址出土的大汶口文化陶尊上的符号应为"阳鸟"负日飞行的形象。由于不少新石器时代器物上的太阳图像是一个圆圈内有一只鸟或一只鸟身背一个圆圈，显然表明鸟与太阳是有联系的，所以有人推测鸟图腾崇拜其实是太阳崇拜的一种特殊表现形式。

此外，考古发现还进一步丰富了东夷人鸟图腾崇拜的内容。大汶口文化、龙山文化还有一种独特的含球习俗，由于石球或陶球状如燕卵，口内含球或许取象于简狄吞燕卵而生子，所以有人推测含球习俗应与图腾繁殖仪式有关。

凌阳河遗址出土大汶口文化陶尊

总之，在大汶口文化晚期和龙山文化时期，鸟的形象在陶器、玉器、石器等器物上经常出现。东夷人不仅将日常使用的各类器物制作成鸟的造型，而且将鸟的形象刻画到各类器物上，可谓崇拜鸟图腾到了极致，足以证明东夷人以鸟为图腾进行崇拜并非虚构，而是真实可靠的历史事实。随着社会生产力的发展，人的认知水平和思想观念也在不断发生变化，图腾也由此经历了一个由单纯的动物、自然物向人格化、神化转变的过程，而这个过程也是思想文化发展变化的过程。研究表明，东夷人的鸟图腾崇拜对后世影响深远，尤其对战国和秦汉时期的神仙思想和仙人文化影响最大。这些仙人多为"人面鸟身"，在两汉时期被称为"羽人"，其形象为人面，两只大耳向上竖起，身长羽毛，背生

西汉浅井头墓壁画中的羽人

汉代青铜羽人雕像

双翅。这是汉代羽化升仙思想在图像学上的反映,而"羽化升仙"可以说是鸟图腾崇拜的升华,可见东夷人的鸟图腾崇拜在中国思想史和文化史上都占有重要地位。

正是东夷人鸟图腾崇拜形成的风俗习惯,才造就了一个文化共同体,从而成为从部落向国家演变的重要基础,由此在大汶口文化晚期和龙山文化时期涌现出一座座标志着国家诞生和文明肇始的城市,人类文明的曙光从东方升起。

JINAN 济南故事

第十一章

生活百态龙山人

如今的济南人大都过着衣食无忧、文明富足的新生活，那么4 000多年前生活在济南地区的"龙山人"生活状况如何呢？让我们通过城子崖遗址、两城镇遗址、尧王城遗址、尹家城遗址、西朱封墓地等分布于山东地区的一些龙山文化遗址和墓葬中出土的各类遗物来一探究竟。也许通过对这些出土遗物的分析和研究，可以大致复原当时龙山人的生活面貌。下面，笔者将从饮食、生产、住房、丧葬等方面来简要介绍下龙山人的生活百态。

俗话说"民以食为天"。自古至今，对于活人来说，吃饭都是头等大事，龙山人当然也不例外。那么，龙山人都吃些啥？怎么吃？也就是说，他们的食物种类有哪些？从哪里来？他们又是怎样烹饪饭菜的？

据目前的考古发现和研究可知，当时龙山人的食物种类可谓非常丰富，植物类、动物类均有，可以说既有"荤"又有"素"。其中，植物类食物常见的有稻、粟、黍、小麦、大麦、大豆等，以稻和粟为主。粟就是小米，也是曾生活在城子崖遗址的龙山人最爱吃的食物，可见如今名扬天下的"龙山小米"是自有其来源的。据学者研究，这些龙山人常吃的植物类食物中，大部分都是农作物，而野生植物只占很小的比例。也就是说，龙山人主要是通过农业生产、种植作物而获取植物类食物的。说到龙山人饮食中的"荤菜"，那就更丰富了。目前考古发现的动物类食物主要有猪、狗、牛、羊、马等家畜和鹿、獐、兔、鱼、鳖、蚌、螺等野生动物，说明龙山人除了通过饲养家畜获取肉食以外，还会经常到野外狩猎、捕鱼以获取一些"野味"来打打牙祭。当然，龙山人之所以还通过采集野生植物和捕捉野生动物来补充给养，主要是因为当时比较原始和落后的生产技术尚不足以让所有人填饱肚子。毕竟当时的生产力水平有限，所以农业、畜牧业物产不算丰富，大多数龙山人还得为了谋生而辛勤劳作、奔波。

既然要通过耕田、采集、狩猎、捕鱼等途径获取食物，那么龙山人总不会徒手去做吧？因为早在旧石器时代的先民就已学会制作和使用石器、木棒等工具，所以已步入文明社会萌芽阶段的龙山人自然也会使用工具，而且比之前更先进。考古发现表明，龙山人最常使用的工具以磨制石器为主，常见器形有铲、镢、刀、镰、磨棒、磨盘、杵、斧、钺、锛、凿、锤、矛、镞、网坠、纺轮、石球等。其中，铲、镢是用于耕地、种植作物的农具，刀、镰是收割作物的农具，磨棒、磨盘和杵是用于加工粮食的工具，斧、钺、锛、凿、锤等都是用于各种手工业生产的工具，矛、镞等是用于狩猎和战争的武器，网坠是捕鱼所用渔网的附件，而纺轮则是纺线的用具。除了种类繁多的石制工具以外，龙山人在日常生活和社会生产中也使用骨刀、骨铲、骨镰、骨凿、骨锥、骨钻、骨针、骨匕、骨矛、骨镞、骨鱼钩、骨鱼镖、角锄、角斧、角锥、角镞、牙锥、蚌镰、蚌刀等材质各异的骨、角、牙、蚌等各类器具。至于龙山人是否使用木制工具，那是肯定的，只是因为木质材料容易腐烂而未能保留下来而已。总之，龙山人所使用的工具不仅材质复杂、种类多样，而且制作精良、功能先进，从而促使社会生产力和物质生活水平得到了很大提升。

使用各种农具和工具获取谷物、肉类、蔬菜等种类丰富的食物原料以后，龙山人要怎样处理？生吃还是做成"美味佳肴"？因为龙山人早已脱离了"茹毛饮血"的原始荒蛮时代，所以自然不会生吃食物，尤其是肉类。那么，他们要怎样烹饪食物呢？有人或许以为他们应该是用火烧着吃或烤着吃，毕竟烤肉在当今社会都依然流行，何况原始人。实则不然。考古发现和研究表明，龙山人对于食物的处理可谓手段多样，使用不同的工具和用具可以做出口味不同的食物，其中最常见的用具就是各类陶器。以炊煮器为例，常见的陶器类型有鼎、鬲、甗等，鼎的形制虽有罐形鼎、盆形鼎之分，但功能却是一样的，都是用于煮谷物或炖肉的。除了鼎以外，鬲也是龙山人常用的一种炊具，相当于如今的炉灶，为烧火做饭的必备用具。最值得一提的是，龙山人不仅沿用和改进了前人所发明的鼎和鬲，还发明了一种

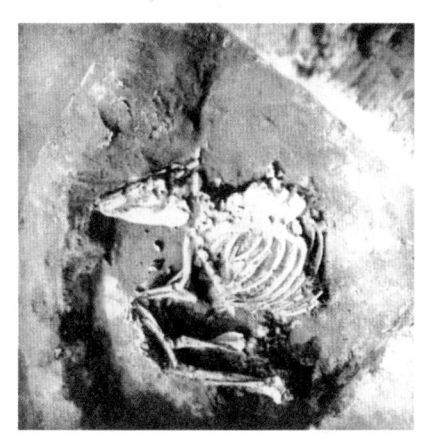

胶县三里河遗址出土猪骨架

城子崖遗址出土龙山文化黑陶甗

城子崖遗址出土龙山文化白陶鬶

新型多功能炊具——甗。此类器物形制较为特殊，一般上部为甑，下部为鼎或鬲。甗既能煮又能蒸，使用起来十分方便，下部的鼎或鬲中盛放水，上部甑（相当于笼子）中放置大米、小米等谷物，当以火加热时，鼎或鬲中被烧热的水汽上升便可以将甑上的食物蒸熟，其原理相当于如今的蒸锅。可以说，甗的发明和使用，标志着古人的主食开始有了干湿之分。因为无论是大米、小米，还是其他谷物，用鼎、鬲等炊具只能做出稀饭或稀粥，而有了甗就可以蒸出干饭了。由此可见，龙山人不仅可以直接用火烧烤食物，而且也用鼎、鬲等陶器煮或炖食物，还能够用甗蒸食物，所以他们可以吃上用不同方法制作出的口感不同的食物，可谓口福不浅。不过，无论是稀粥还是干饭，龙山人的主食多为粒食，可能还不会或不习惯制作和食用面食吧。

各类食物利用鼎、鬲、甗等炊具做好以后，龙山人就可以开饭了。那么，他们是如何吃饭的呢？是直接用手从炊具里拿出来吃，还是使用餐具盛起食物慢慢享用？考古发现证明，龙山人还是比较文明的，他们也是会使用餐具盛饭吃的，常见的盛食器有豆、碗、碟、盆等陶器，至于他们是否会使用筷子、餐叉、勺子之类的餐具，那就无从得知了。人除了要吃饭以外，还要喝水，龙山人既然已是"文明人"，自然不会直接到河边或井边喝生水，通过长期的生活经验积累，他们已懂得喝热水可以预防疾病。所以，他们一般是先将用陶罍取来的河水或井水用炊具烧开，然后再用盛水器饮用。龙山人最常用的就是陶罐、陶鬶、陶杯、陶盆等水器，尤以陶鬶最具特色。值得一提的是，龙山人饮用水的来源已不再局限于天然的河水，而是学会了凿井取水。这种取水方式得以使早期人类摆脱对天然河道的依赖，避开洪水泛滥的威胁，从而使人类的生活空间大为扩展，使更多缺少地表水的地区得到开发。此外，凿井取水比起河水来说，既可以保证水质安全，又能给龙山人的日常生活带来很大方便，可谓优点颇多。据史料记载，开凿水井的创始人是伯益，而伯益正是生活在龙山文化晚期的舜帝麾下的一位重臣。

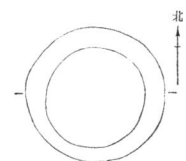

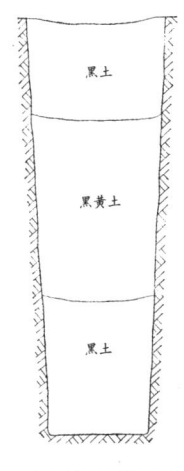

龙山文化水井剖面图

据说，舜和伯益的私交不错，当年舜在历山耕田种地时，伯益就成了他的好朋友。所以，城子崖遗址龙山文化古城中的水井很可能就是那个时期开凿的。后来，舜禅位于大禹，因伯益曾辅佐大禹治水有功而深得民心，故大禹晚年欲禅位于伯益，但大禹的儿子启觊觎帝位已久，在这场争夺战中，伯益终为启所杀。尽管伯益未能承大禹而登上帝位，但是他佐禹治水、开凿水井之功却被后人永世铭记。水井的发明和利用，不仅满足了人类的饮水之需，而且促进了早期城市的诞生。因为有了相对固定的水井，人类就不必再逐河水而居，而是可以在水井附近定居生活，于是渐渐形成了诸多聚落，其中规模较大的聚落慢慢演变为早期的城市，所以"市井"一词所描述的正是城市的萌芽状态。

有了水井，龙山人喝水、用水方便多了，至于他们是否饮酒，据目前所发现的考古资料中的大量酒器推断，他们或许已能够酿酒，只是限于当时的物质条件和生产力水平，即使会酿酒，恐怕也没有过多的剩余粮食供他们挥霍，毕竟人们通过辛勤劳作而生产出的粮食能够填饱肚子就很不错了。此外，酿酒也是门技术活儿，有一定的难度，并非每个人都能掌握的。由于酒的产量低、需求大，所以在当时可能是被龙山人作为一种奢侈品来消费的，仅在宴饮、祭祀等重大礼仪活动中才被享用，平时大概只有部落首领、贵族等少数人才享受得起吧。

吃饱喝足的龙山人除了耕田、采集、狩猎、捕鱼以外，还从事哪些活动呢？考古发现和研究表明，尽管当时手工业还未成为独立的部门，但不少手工业门类却已显露出雏形，常见的有制陶、制玉、制石、铸铜、纺织、建筑等。考古出土的色彩多样、材质不同、形制各异的龙山文化陶器，足以说明龙山文化时期的制陶业非常兴盛。陶器作为当时社会生活中使用范围最广、使用频率最高的器物，已受到龙山人的普遍重视和欢迎，遍及生活的各个方面。由于龙山人发明了先进的制陶技术，既会使用快轮又懂得"渗碳术"，所以陶器的制作水平比之前有了很大提高，不仅造出了不少新形制的器物，而且制作出了令世人赞叹的"蛋壳黑陶"，成为四千多年前全球人类最杰出、最精致的代表性手工作品，象征着人类向文明社会又迈进了一大步。

虽然龙山文化玉器的出土量并不大，但玉圭、玉龙、玉璇玑、玉冠饰等一批精美龙山文化玉器的出现，也预示着龙山人的制玉水平比之前有了很大提高。据与龙山文化同时期的文化遗存情况来看，在全国范围内能与龙山文化玉器相媲美的也就是红山文化玉器和良渚文化玉器了。从考古发现情况来看，钺、圭、璧、琮、璋、多孔刀、璇玑等龙山文化玉礼器大都出土于规模较大的中心聚落或祭祀遗址中，表明此类玉器应是专供贵族阶层消费和享用的高端奢侈品。在少数普通墓葬中出土的一些精美石器、小件玉器等，也应是一般民众消费的高档产品。毕竟玉器的原料稀缺，生产技术要求高，制作难度大，耗时费力多，所以成本高昂、产量有限，无法满足所有人的需求，而只能供少数贵族和权力阶层享用。龙山文化玉器生产的专门化，也预示着当时社会已出现了阶层分化，社会性质开始发生变化。

由于龙山文化时期尚处于铜石并用时代，所以石器仍在社会生产和日常生活中发挥着重要作用。考古发现和研究表明，石器制作在当时还是仅次于制陶的手工业部门。根据临淄桐林、诸城西杨庄子等一些龙山文化遗址中发现大规模石器制作遗存的情况推断，有一部分龙山人或许已专门从事石器生产，也就是说制作石器已成为一种家庭式手工业。有了工具好干活儿，正是由于石器制作的专门化，才保障了农业和其他手工业生产的顺利开展。

至于铸铜，在当时绝对算是新兴事物了，毕竟目前考古发现的龙山文化铜器数量极少，并且器形不多，保存状况差，所以龙山人是否已普遍学会铸造铜器还不好定论。凭目前的考古发现和研究推测，龙山人或许已认识到铜这种金属的性能，并能够铸造或锻打出造型简单的小件铜器，但可能还不足以形成一个独立的手工业部门。尽管铜器作为一种新技术产品，并未对当时龙山人的生活产生多大影响，但无论怎样，铜器的出现的确反映了当时社会生产力的极大进步。龙山文化时期已进入铜石并用时代，成为一个不争的事实。正是由于铜器的出现，才开启了一个崭新的时代，人类即将步入更加文明的社会。

对于龙山人来说，除了吃饭、喝水，穿衣也是一件大事，因为吃饱穿暖才算是过上舒适的"小康生活"。那么，龙山人都穿些啥呢？可惜由于年代久远，丝麻之类材料和木质工具又容易腐烂，所以至今未在龙山文化时期的遗址中发现纺织品遗物。从龙山文化时期社会各方面的发展情况来看，当时的社会生产力已发展到一定水平，龙山人既然能够制陶、制石、制玉、铸铜，那么制作衣物也应不在话下。幸运的是，尽管目前还没有发现龙山文化时期纺织品实物，但是不少陶器的底部都留下了编织物的印痕。学者据此推断，这些印痕应该是麻绳留下的。龙山人将麻绳缠绕在木棍上，然后在尚未晾干的陶坯表面拍打，从而形成了极富装饰性的陶器纹样——绳纹，这也反映了龙山人已具有一定的艺术眼光和审美观念。考古工作者还曾在山东潍坊鲁家口龙山文化遗址所出陶片上发现了经纬线密度为每平方厘米约9—10根的布纹痕迹。此外，龙

龙山文化陶器上的绳纹

山文化遗址中还发现有大量陶质或石质纺轮。虽然纺轮只是捻线的工具，并非编织布匹的工具，但也算龙山人已能够纺织的重要证据，毕竟编织工具多为木质，所以难以留存至今。据学者研究，龙山人制作衣物的材料中不仅有麻，可能还有丝、葛等，只是目前尚未见到，只能待今后考古工作的进展了。总之，比较文明的龙山人应该可以制作麻、丝、葛等材质的衣物了，也可能已形成一门专门的行业——纺织业，只是规模较小，还不够发达，毕竟纺织品在当时也应算是高端奢侈消费品吧。

严格来讲，建筑可能算不上一个手工业门类，它和农业生产一样，也是维系人类生存的一个基本手段。但是在龙山文化时期，人们从事建筑作业时基本是要靠纯手工的，所以暂可列入手工行业来介绍。自从人类社会从旧石器时代迈入新石器时代，人类便告别了原始的洞穴生活，不再依赖于天然的洞穴遮风挡雨、提供庇护，而是开始有意识地建设居住场所和防御设施，特别是当人类过上相对稳定的农业生活后，建立一个稳固的安居之地就显得尤为重要。考古发现表明，龙山人在建筑方面很有天分。就房屋而言，在他们居住的聚落里，不仅有半地穴式的房子，还有地面建筑。半地穴式的房子由于一部分位于地面以下，所以隔热效果比较好，可以说冬暖夏凉，相当于现代的"空调房"，但缺点就是湿气大、采光差，所以此类房屋并非龙山人的主要居所，只占很小的比例。至于地面建筑，也分多种类型，有面积大的房子，也有面积小的房子；有联排的房子，也有单间的房子；有平面呈方形或长方形的房子，也有平面呈圆形或椭圆形的房子；有直接从地面起建的房子，也有先打基槽后立木柱建起的房子。总之，形制不固定。其中，面积大小不一的房子，可能用途不同，大房子用来居住，小房子或许供堆放杂物之用，相当于"配房"或"储藏室"。联排的房子里可能住着一个成员比较多的大家庭或家族，抑或是部落首领的居所，而单间的或许就是供普通部落成员或单身汉居住的，毕竟有证据显示龙山人已经开始出现阶层分化，各类资源在部落里不再平均分配，而是根据身份、地位的高低和权力的大小进行分配，房屋作为生存的必备物质条件之一，自然也不例外。至于房子的平面形状各异，可能只是龙山人各自的喜好不同而已，或者只是因为依地势而建导致了形状的差异。毕竟当时的建筑水平有限，建房尚未形成固定的标准和样式，所以龙山人建房子还是比较随意的。在龙山人所建的这些形制多样的房子中，有一类房子反映了当时建筑水平的进步，就是"木骨泥墙"的地面房屋。这些房子一般是先挖基槽，然后在基槽内每隔一段距离树立一根木柱，木柱的底端有时会铺一些碎石或碎陶片以起加固作用，之后再用草拌泥从基槽起沿着木柱层层垒砌、夯实，直至所需高度，最后用茅草之类的干燥植物封顶，一座房子的主体便基本竣工。其实，木柱的作用相当于如今的"钢筋"，而草拌泥的用途类似于如今的"水泥"，所以龙山人所建的"木骨泥墙"的房子就像是如今的钢筋混凝土建筑。虽然，"木骨泥墙"远不如钢筋混凝土牢固结实，但在四千多年前已算是水平很高的建筑技术了。有意思的是，房子建好以后，龙山人也会像现代人一样对自己的居所进行装修，以使自己的家庭生活更加温馨舒适。从考古发现来看，有些龙山人会用红烧土或白灰面铺设房屋内的地面。此举的目的一是为了美观，使屋内显得整洁干净；二是为了防潮，使屋内保持温暖干燥。有的屋内还设有灶坑，在

城子崖版筑城墙场景

寒冷的夜晚，一家人可以围坐在一起吃饭、聊天、休息，此种幸福的画面至今仍在延续。总之，龙山人为了改善生存条件，提高生活水准，谋求幸福生活，也是费尽心思的。这一点从他们不断提高建房技术水平和用心装修居所上就能充分体现出来。

其实，建房子对龙山人来说只是"小菜一碟"，他们高超的建筑技术可不仅体现在房子上。为了保护自己、家人和族人不受外族和野兽的侵害，为了防止本聚落的财产和资源流失，龙山人还开动脑筋，想方设法修建了一系列防御设施，最常见的就是城墙和壕沟。正是由于城墙和壕沟的出现，才标志着我国早期城市的形成。城市作为人类文明的重要标志之一，预示着龙山人已步入文明社会的门槛。所以，龙山人修筑城墙和壕沟，不仅仅是建筑水平提高的象征，更是社会进步和性质转变的体现，可谓意义重大。

壕沟就是"护城河"，一般都是古代城市的"标配"，壕沟挖得既宽又深才能保障城市的安全，毕竟在当时它是一道很难逾越的屏障。假如敌人攻破了壕沟这道屏障，那么城市就危在旦夕了。鉴于此，龙山人又加设了第二道屏障——城墙。考古发现表明，龙山人所修筑的城墙并非用石头或砖头垒砌的，而是用夯土堆砌而成。虽然比较原始，但是由于城墙被夯筑得又高又厚，所以防御性能并不差。以当时的社会发展水平和物质条件来说，想攻破这种夯土城墙是非常不容易的。由于此类夯土城墙的防御性能不错，所以这种建筑方式被后人沿用了很长一段时期，石砌城墙和砖砌城墙也是由其演化而来的。实践证明，在保家卫城方面，城墙的确起到了极其重要的作用。说实话，修筑城墙无论是难度还是工程量都大于挖壕沟，要耗费大量的人力、物力、财力，所以并非一般的小聚落能担负得起的。可见，能修筑城墙和挖掘壕沟来保卫家园的应该都是人口多、物产丰、财力足的大聚落。

这些由龙山人修建的早期城市被考古学家称为"龙山文化城"。据目前的考古发现来看，在全国范围内已发现不少龙山文化城，仅山东地区就已发现十余座，其中就包括济南的城子崖龙山文化城。既然当年生活在城子崖遗址的龙山人能够修建城市，那么就足以说明他们的文明程度已经比较高了。有了城墙和壕沟的保护，生活在城市里的龙山人就可以"安居乐业"，过上相对稳定安逸的生活了。

生老病死乃人之常情，虽然古今中外各个民族对死亡有着不同的认知和理解，但对故去的人进行安葬却都是各自社会生活中的一项重要内容。从我国的情况来看，如今各民族对"白事"大都比较重视，古人亦是如此。那么，龙山人是怎样操办丧事的呢？也就是说，龙山文化时期有着哪些丧葬习俗和礼仪呢？由于古代文献对于这一时期丧葬习俗的记载非常少，所以我们只能通过考古发现的龙山文化墓葬材料来一窥概貌。

西朱封龙山文化贵族墓平面图

人们将死者埋入地下的丧葬习俗在我国起源很早，以山东地区为例，大概在距今9 000年至7 500年的后李文化时期就已出现了，不过当时的墓葬比较简单，只是在地上挖一个长方形的墓坑来盛放死者，而且也没有任何随葬品。到了距今7 500年至6 100年左右的北辛文化时期，墓葬中出现了棺，还有了陶器等少量随葬品，不过当时的墓葬规模都差不多，看不出贫富分化。到了距今6 100年至4 600年左右的大汶口文化时期，葬俗发生了明显变化，不仅墓葬规模有了大小之分，而且随葬品数量也有了多寡之别。在一些大型墓葬中，不仅随葬了陶器、石器等日常生活用品，还随葬了玉器、象牙器等高端奢侈品，反映当时已开始出现贫富分化，表明社会结构已有了阶层之分。由于龙山文化是承接大汶口文化发展而来的，所以此时期的葬俗肯定受到了大汶口文化葬俗的影响，但也有所发展和变化。目前，经过发掘的山东龙山文化墓葬多为小型墓葬，大型墓葬很少，所以出土材料并不多。仅凭这些有限的材料，我们可以看出龙山文化时期的墓葬大致有几个特点：第一，墓葬规模有了大、中、小之分，并且大型墓一般不与中小型墓位于同一墓地，明显反映了阶层分化和等级差异，也由此开启了后世帝王陵墓单独埋葬的习俗；第二，墓葬形制比较统一，都是长方形土坑竖穴墓；第三，埋葬方式以单人仰身直肢葬为主，屈肢葬、俯身葬较少见，也有二次葬、非正常埋葬等现象，但没有合葬墓；第四，除了大型墓以外，大多数中小型墓葬都没有随葬品，少数有随葬品的墓也多以陶器、生产工具、装饰品等日用品随葬。其中，死者手握獐牙的葬俗是继承大汶口文化而来的。此外，还出现了用猪下颌骨随葬的现象。总之，龙山人的思想意识形态和物质生活水平可以通过当时的葬俗和墓葬中的随葬品得到充分展现。

综上所述，通过考古发现和学者研究，我们可以大致了解到龙山文化时期的社会概貌和曾生活在今济南地区的龙山人的生活百态。龙山人已脱离"茹毛饮血"的原始状态，过上了相对"丰衣足食"的稳定生活。他们已学会制作和使用各种工具来种植水稻、粟、黍、大豆等作物以及一些蔬菜，也会饲养猪、狗、鸡等畜禽，偶尔还会去猎捕一些鹿、兔、鱼、蚌等野味来丰富下餐桌。他们不仅可以直接用火来烧烤食物，而且能够使用鼎、鬲、甗等陶制炊具将谷物、蔬菜、肉类等食材做成美味的大餐。他们不仅可以使用罐、罍、盆等陶器直接从河中取水，而且学会了凿井技术，喝上了比较安全卫生的地下水。每逢宴饮、祭祀等重大活动时，有些身份较高的龙山人不仅吃饭喝水，还能享用美酒，精致的蛋壳黑陶杯或许就是他们饮酒的器具。吃饱喝足后，龙山人穿着自制的丝、麻、葛等材质的衣物，不仅从事农业生产和狩猎采集，而且有部分人还专门从事制陶、制石、制玉、铸铜等手工业生产。在建筑技术方面，龙山人可谓比较具有天赋，不仅可以建造半地穴式、地面单间、地面联间等样式多样的房子，而且能够用土夯筑城墙，并会挖掘壕沟来保卫自己居住和生活的城市。龙山人活着时不断追求生活品质的改善，死后也依然很讲究。对于故去的人，龙山人会根据他们生前的身份、地位、权力等差异而采取不同的埋葬方式，从而形成了一些特有的葬俗。墓葬规模的大小和随葬品数量的多寡、品质的优劣，不仅反映了贫富分化的加剧，也表明当时社会结构发生了重大变化，已出现了阶层和等级划分，这些均预示着一个崭新的时代即将来临。

JINAN 济南故事

第十二章

≈

龙山时代出圣王

在我国古史传说中，"三皇五帝"是华夏文明的创始者和中华儿女的祖先。我国上古史上的五帝时代，是指黄帝、颛顼、帝喾、尧、舜这五位圣王统治的时代。据学者研究，五帝时代的年代范围大致在公元前4500年至公元前2100年之间，在我国历史上延续约2 400年之久。根据著名史学家许顺湛先生选定的年代框架：帝舜一世50年，约为公元前2150—前2100年；帝喾十世（包括尧）400年，约为公元前2550—前2150年；颛顼九世350年，约为公元前2900—前2550年；黄帝十世以上1520年，约为公元前4420—前2900年。如与考古学文化相对应，大概相当于仰韶文化时期至龙山文化时期。前文说过，由于龙山文化分布广泛、类型多样，所以被统称为"龙山时代"。据考证，龙山时代的绝对年代大约为公元前2800年至公元前2000年。由此看来，除了黄帝生活在仰韶文化时期以外，颛顼、帝喾、尧、舜均生活在龙山时代。除了"四帝"，还有一位上古圣王也生活在龙山时代，他就是禹。

考古发现与研究表明，河南省濮阳县的高城龙山文化城址或为古代文献所载的颛顼所都之"帝丘"。帝喾的都城目前尚未发现，有学者推测古代文献所载的帝喾所都之"亳"大约在河南省偃师市的尸乡沟一带。山西省襄汾县的陶寺龙山文化城址或为《史记》记载的尧都"平阳"，也可能是尧、舜所都之"平阳"。不过，也有学者认为舜的都城与尧的都城不在一个地方。据唐代孔颖达《毛诗正义》引皇甫谧所说："舜所营都，或云蒲坂"，蒲坂在唐代是河东县，即今山西永济县。河南省登封市的王城岗龙山文化城址可能是古代文献所载的禹所都之"阳城"。由此可见，生活在龙山时代的颛顼、帝喾、尧、舜、禹五位上古圣王的都城均在中原地区。然而，古代文献明确记载舜为东夷人。虽然舜接受尧的禅让称帝后移居到了中原地区的"平阳"，但他此前却在东夷地区留下了大量遗迹和传说，其中就包括济南的舜迹。

由于颛顼、帝喾、尧、禹等四位生活在龙山时代的上古圣王均未在济南地区留下遗迹，所以本文暂不介绍，而只讲述舜与济南、龙山文化的渊源。世人皆知济南被誉为"泉城"，然而却鲜有人知道济南在历史上曾有个"舜城"的雅号。其实，济南被称为"舜城"不足为怪，只需看看如今济南地区的舜迹，听听

舜

关于舜的传说，就能感受到一代圣王大舜对济南的影响是何等强烈而深远了。

　　说起舜与济南的关系，或许人们首先想到的就是历山（亦名舜山或舜耕山，今称千佛山），此山之名正源于"舜耕历山"的故事。相传，舜出身贫寒、家境穷困，在他很小的时候生母就去世了。后来，其父瞽叟又娶了继室，年幼的舜从此过上了水深火热的生活，受尽了磨难。因为舜的继母生性泼辣，其父又懦弱无主见，所以舜经常挨打受骂。继母生下一男一女后，对舜的态度就更加恶劣了，总想将舜赶出家门。尽管舜勤劳能干，十分孝顺，但其继母仍旧不依不饶，多次设计陷害、虐待舜，最终挑动瞽叟发怒，将舜赶出了家门。无家可归的舜只好独自来到历山边搭了个茅棚住下，开始烧荒垦地，自食其力。起初，舜在耕作期间多以野果充饥，日出而作，日落而息。一天，舜像往常一样到田间垦荒劳作。当他累了正在地头休息时，忽听得"扑哧、扑哧"的鼻息声，他抬头一看，不由得大吃一惊，只见一头体型硕大的大象正朝他走

千佛山（古称历山）

来。舜本想躲避一下，没想到大象并无恶意，只见它走到舜垦荒的地方，用鼻子卷走一块巨大的石块，然后开始用力地刨地。由于大象力大无穷，所以不多时就开垦出了一大片地，舜见此状真是又惊又喜。此后，这头大象每天都来帮舜垦荒，久而久之，舜与大象之间就建立起了深厚的感情，于是舜开始有意识地训练大象耕地。自从有了大象的帮助，耕地面积逐渐扩大，不过也因此出现了新的问题。地里种上庄稼后，不仅长出了杂草，还生了害虫，仅靠一个人的力量根本就忙不过来。面对着杂草丛生、害虫遍野的大片耕地及庄稼，舜不禁心中着急。正在他发愁之时，忽然从山上飞来一群小鸟，蹦蹦跳跳地去地里啄起了杂草和害虫。有了鸟群的帮助，舜的田地获得了大丰收。舜靠自己垦荒种地、辛勤劳作收获的粮食，不仅养活了自己，而且还将多余的粮食送给了家人和乡邻。"舜耕历山""象耕鸟耘"的传说由此流传至今，成了千古美谈。

由于舜为人厚道，品德高尚，能对虐待、迫害他的继母和生父坚守孝道，所以在青年时代就以孝行闻名乡里，为世人所称颂。当时，年老体衰的帝尧欲寻找接班人，寻访了许由、巢父等贤能隐士却屡屡遭拒，于是向四岳（四方诸侯之长）征询继任人选，四岳便将德才兼备的舜推荐给了帝尧。为了考察舜的品行和能力，帝尧将自己的两个女儿娥皇和女英嫁给了舜。舜不但使二女与全家和睦相处，而且在各方面都表现出了卓越的才干和高尚的人格，故引来了众人的称道和追随。因为舜在童年时期被父亲和继母赶出家门时曾到历山垦过荒、种过地，所以为了让追随他的人学会种地技能，收获更多粮食填饱肚子，他便率领众人再次来到历山一带耕种田地。在舜的教化和影响下，当地居民不争不抢，都甘愿把肥沃的土地让给他人。他到雷泽一带捕鱼，当地民众都能以他为榜样将丰饶的渔场让与别人，兴起了一股文明礼让的新风尚。他又到黄河岸边教大家制作陶器，影响和带动大家做事精益求精，恪守职业道德，杜绝粗制滥造的现象。总之，无论舜走到哪里，人们都会心甘情愿地紧紧相随，正所谓人多力量大，故而只用三年时间就建成了一座规模较大的城市。帝尧在得知这些情况后不禁心中大悦，认为舜是一位合格的、理想的接班人，于是心满意足地将天子之位传给了舜，从而成就了一段"尧舜禅让"的千古佳话。而舜在童年时期和青年时期曾多次耕种过的历山（今千佛山），如今不仅已成为济南市的三大名胜之一，而且在济南留下了深深的印记，如历下区、历城区、历下亭、舜耕路、舜华路、舜耕山庄、舜耕小学、舜耕中学等地名、建筑、道路和单位名皆来源于"舜耕历山"。

舜作为一代圣王，种种故事流传甚广。据史籍记载，舜虽为帝颛顼的后裔，却五世平民，出身寒微。其童年时期的遭遇甚为不幸和悲惨，继母为人嚣张跋扈、两面三刀，弟弟象桀骜不驯、甚为傲慢，他们串通瞽叟一起对舜施以

济南千佛山舜祠下面石壁上镶嵌的象耕鸟耘图

虐待、迫害，曾多次设计欲置舜于死地而后快。然而，上天保佑，每次当家人加害于他时，舜都能及时躲避，幸运逃生。难能可贵的是，舜并不记仇，对父亲和继母依然坚守孝道，对弟弟象仍旧十分友善，一直把他们当作亲人，不离不弃。舜凭借如此非凡的品德，在青年时期便闻名于天下，以至于帝尧访贤、选接班人之时，四方诸侯联合举荐了舜。后经考察，帝尧命舜担任摄政王，还给了舜不少赏赐。

然而，本性难移的继母和弟弟象见此状况，愈加嫉妒、眼红，再次挑唆其父瞽叟，打算谋害舜，以图霸占舜的妻子和财物。瞽叟先是让舜去修补仓房的屋顶，当舜爬到上面之时，继母和象却撤掉梯子，并在下面纵火焚烧仓房。危急时刻，舜灵机一动，借助之前准备好的两只斗笠作翼，从房上跳下，从而幸免于难。瞽叟见此招无效，便又生一计，让舜去挖井。眼见井挖得很深了，瞽叟和象连忙在上面填土，要把井封上，将舜活埋在里面。幸亏舜事先有所警觉，在井壁上横向挖了一条通道，及时从中逃出，又躲过了一劫。不过，这次舜并未马上露面去找父亲和弟弟算账，而是先悄悄在外躲避了一段时间。因此，瞽叟、继母和象以为阴谋终于得逞，舜肯定是死了，于是瓜分了舜的家产。象将牛羊和仓房分给了父母，自己留下一些贵重的财物，还想霸占舜的两个妻子。象心安理得地住进了舜的房子，得意扬扬地弹起了舜心爱的琴。没想到不久之后，舜又突然出现在了他们面前，他们顿时惊慌失措。由于当时舜已是帝尧所任命的摄政王，所以瞽叟、继母和象惹此大祸，自知理亏，害怕舜对他们进行制裁和报复。未料到，舜仍然不把此事放到心上，并未计较，依然一如既往地孝顺父母、友善待弟，而且比以前更加诚恳谨慎。瞽叟、继母和象终于被舜的高尚品德和宽广胸怀所感化，痛改前非。象后来在舜的扶持下，成为一方诸侯，将自己的辖区治理得井井有条，据说盛行于世的"象棋"还是由他发明的呢。

处理好了家事，稳固了"后方"，舜安心当起了摄政王。在摄政期间，舜推行"五教"，使人民普遍受到教育，父母兄弟之间关系都处理得很好，于是家庭和睦、国泰民安。主管百官职事时，舜将繁杂的政事处理得井井有条，大胆启用了未受帝尧重用的民间贤能人士"八元""八恺"，让他们分别掌管土地和教化，还将恶名昭彰的"四凶族"流放到了边远荒蛮之地，可谓政绩斐然，显示了卓越的治国方略和政治才干。经过多方考验和多年历练，舜的品行和才干终于获得帝尧的认可。于是，帝尧选择吉日，举行大典，正式禅位于舜。

其实，舜承尧登帝位之事还有一段小插曲呢。据史料记载，舜摄政28年后，帝尧才去世。帝尧生前虽已禅位于舜，但舜却并无野心，为帝尧守丧三年后，便打算让位于帝尧的儿子丹朱，自己退避到南河的南岸。但是，各部落首领都去朝见舜，百姓如打官司也都到舜那里告状，民间还编了许多赞颂舜的歌谣，大家全都不把丹朱放在眼里，对其不予理会。正所谓"人心所向，天意所归"，舜无法推卸，只得回到都城登上天子之位。不过，这座都城并非尧都"平阳"，而是"蒲坂"，即今山西省永济市。

登上天子之位的舜励精图治，又实施了一系列重大改革举措。他重新修订历法，举行祭祀上帝、天地四时和山川群神的大典；他把各地诸侯的信圭收集起来，再择定吉日，召见各地诸侯君长，举行隆重的典礼，重新颁发信圭；他规定了"五年一巡狩"的制度，通过调查民情以考察诸侯，明定赏罚，加强了对地方的统治；他还改革刑罚，用"象刑"代替"实刑"以示警诫，用流放代替肉刑以示宽容，增设鞭刑、扑刑、赎刑等新刑罚，对不思悔改的罪犯严加惩治，最终使得天下人心悦诚服。

舜又在政治上进行了一番大刀阔斧的改革。由于之前已位列朝班的禹、弃、契、皋陶、垂、益、伯夷、夔、龙等大臣的职责并不明确，所以舜对他们的职责和权限进行了具体划分。他命禹担任"司空"，治理水土；命弃担任"后稷"，掌管农业；命契担任"司徒"，推行教化；命皋陶担任"士"，执掌刑罚；命垂担任"共工"，掌管百工；命益担任"虞"，掌管山林；命伯夷担任"秩宗"，主持礼仪；命夔为"乐官"，掌管音乐和教育；命龙担任"纳言"，负责发布命令和收集意见。舜还规定三年考察一次政绩，由考察三次的结果决定提升或罢免。经过这次整顿，朝野上下呈现出一派新气象，各项工作都出现了新面貌，每位大臣都建功立业，取得了辉煌的政绩，其中成就最大的

舜井

当属禹。禹为治理天下水患，身先士卒，"三过家门而不入"，带领民众凿山通泽，疏导河流，终于制服了洪水，使天下民众安居乐业。最终，禹凭借卓越的政绩和民心的拥护而获得帝舜的赏识和信赖。帝舜效仿帝尧，将天子之位又禅让给了禹，再次成就了一段禅让的千古佳话。

从天子之位退下来的舜，并未贪图享受晚年的天伦之乐和安逸的生活，而是心系民众，再次踏上了南巡的征途，没想到却因年老体衰、过度劳累而死在了南巡的途中，埋在了异乡，魂归九嶷山。舜的两位妻子娥皇和女英为此伤心不已，泪洒斑竹，投江殉情，留下了一段凄美的爱情故事。如今，虽然时过境迁，后人却从未忘记舜的功德，"四海之内咸戴帝舜之功""天下明德皆自虞帝始""尧天舜日"等就是对他最好的评价，尧、舜、禹的名字和传说将永远铭刻在中国历史的丰碑上和中华儿女的记忆里。

虽然舜生前曾执政于山西平阳和蒲坂，死后又葬于湖南九嶷山，但其童年时期和青年时期却很可能是在山东度过的，因为无论是山东省的省会济南市，还是菏泽市、诸城市，均留下了大量舜的遗迹和有关舜的传说。以济南地区为例，除了上文所说的历山（即千佛山）和"舜耕历山"的传说以外，还有舜井、舜庙、舜祠、娥皇女英祠、珍珠泉等遗迹。

说起"舜井",据说,在舜之前,古人饮用的一般都是河水。但河水容易被腐烂的动植物污染而发生变质,从而导致人们生病。再说如遇旱季,河水干枯导致无水可饮,会对人们的生存和生活造成严重影响。于是,舜帝巡游天下,将由其麾下重臣伯益发明的挖井技术传播到各地,教授和动员各地民众挖井取水,使人们喝上了比较干净卫生的井水。为了纪念舜帝的功德,这些水井均被称为"舜井"。济南的这口舜井,又名舜泉,为济南七十二名泉之一,如今位于济南舜井街中段西侧,与宽厚里仿古街区只有一路之隔。据《历城县志》记载,此井原在济南旧城南门大街的舜庙中。舜庙,也称舜祠或舜园,位于大街之西,由宋金元时期的著名思想家、全真教掌教丘处机赐名为"迎祥宫"。此庙院落广大,殿宇巍峨,满院松柏苍翠,曾被誉为"松韵南熏",列入"济南十六景"之一。庙内有供奉娥皇、女英神像的娥英祠,还有元代济南状元、史学家张起岩撰文书写,著名文学家张养浩篆额的迎祥宫石碑,因是济南两大乡贤合作的珍品,故被誉为"济南府的文化镇府之宝"。

舜井的井口直径为0.5米,石砌井壁,上置块石雕凿的圆口作岸,四周绕以石雕栏杆,一根粗壮的铁链拴在栏杆上垂入井内,寓"舜井锁蛟"之意。舜井所在的泉池西墙壁上挂有一"舜井"黑字铜匾,据说往日的舜井旁还立有一座"龙虎护法"石碑,供有"圣井龙泉通海渊之神"木牌。舜井在历代正史中都有记载,不过均泛称其在历山之下,直到唐代的记载才明确说明它在此处。宋代习称其为"舜泉",因为著名文学家欧阳修曾特作《舜泉诗》,苏轼也曾为其书写立碑,故此成为一个著名的景观。此外,金代的《名泉碑》、明代的《七十二名泉诗》、清代的《七十二泉记》等著作对舜井也均有收录,苏辙、元好问、曾巩等我国历史上的一些文学大家也都曾作诗盛赞。

关于这口舜井的来历,存在两种可能:一种是它只是舜当年带领民众所挖的水井中的一口,另一种可能为此井或许就是舜被其父瞽叟和其弟象设计陷害而死里逃生的那口。然而,无论怎样,都不重要了,如今人们关注的焦点大都在垂入此井之中的那条铁链上。关于这条神秘的铁链,其实还隐藏着一段"舜井锁蛟"的古老传说呢。

相传在舜帝执政时期,大禹受命治理天下洪水。当大禹率领民众将中原地区的洪水治理好以后,便来到了黄河下游的济南地区。他看到这里仍旧洪水肆虐,导致民不聊生,于是决定暂居于此,和当地民众一起治理洪水。终于,在他们的共同努力下,洪水被制服了,当地恢复了正常的生产与生活秩序。由于大禹治水有功,深得民心,所以舜帝打算将天子之位禅让给大禹。然而,有一条黑蛟龙却早已觊觎舜的帝位很久了。这条黑蛟龙名为巫支祁(或无支祁),住在东海里。据说此龙身长百尺,青躯白额,金目雪牙,摇头晃尾,可直达云霄。黑蛟巫支祁野心勃勃,对于舜的帝位垂涎欲滴,一直想当天下首领,曾多次找舜帝提出此要求而被严厉拒绝。当得知舜帝将天子之位禅让给大禹之后,黑蛟巫支祁非常生气,对此怀恨在心,打算报复舜帝,除掉大禹。舜帝去世后,巫支祁以大禹为敌,处处与其作对。一天,巫支祁看到二郎神挑着两座山,走到济南时放下担子稍作休息,于是便施展妖术让那两座山在济南生了根,致使二郎神再也无法挑走。这两座山在济南生根后增长很快,大禹担心此二山会将刚治理好的济南压垮,于是赶紧将此事报告给王母娘娘。王母娘娘给了大禹一些丹药,让其撒在两座山的周围。等大禹率人将丹药围着这两座山撒了一圈后,山果然就不再生长了,后来人们便把这两座山称为"南药山"和"北药山"。王母娘娘听说大禹将济南地区的水患治理好了,便决定亲自去看看,于是降临到玉函山。王母娘娘在玉函山暂居期间,也听说东海有条恶龙经常来此地作乱,于是临行前便将一个盛放仙药的玉匣留在山上,并命青鸟严加守护。

一天,恶龙巫支祁率领东海的鱼鳖一起出动引发洪水,淹没了历山、村庄和农田,导致很多人流离失所、无家可归。大禹只得将这些百姓转移到泰山、兴隆山、龙洞山等地势较高的地方暂时躲避。为了让人们重新过上太平的生活,大禹带领民众不辞辛劳,日夜治水,以消除水患。当大禹看到巫支祁率领虾兵蟹将正在洪水中兴风作浪,便怀揣照妖镜,身带定海针,手挽降魔铁索,乘着木筏与巫支祁在风浪中进行了一番殊死搏斗。正在二者酣战之时,王母使者青鸟前来助阵,将王母娘娘留在玉函山上的仙药撒向巫支祁,恶龙随即晕倒。大禹趁机抛出降魔铁索，把巫支祁捆住，然后将其牢牢地锁在舜井里。

其实，恶龙巫支祁之所以寓居在东海也是有原因的。传说济南黑虎泉附近以前生活着一头凶狠的黑虎，经常外出伤人，搞得民不聊生。东海龙王得知此事后决定为民除害，杀掉黑虎，便带着儿子化成人形来到了黑虎泉。不料二人却中了埋伏受到重创，东海龙王和龙子双双被囚。原来，黑蛟龙巫支祁与黑虎是好朋友，他听闻东海龙王打算铲除黑虎的事情后，及时向黑虎通风报信，所以黑虎才设下了埋伏。黑虎将东海龙王父子囚禁后，黑蛟龙巫支祁也趁机霸占了东海。但掌管东海后的巫支祁野心膨胀，还想掌控陆地，因为只有将陆地纳入其管辖范围，他才能真正实现统领天下，所以一直想抢夺舜的帝位，哪知会让大禹抢占了先机。

黑虎泉附近住着一对父女，以小本生意谋生。父女俩为人厚道，乐善好施。一天，父女俩意外看到了被囚禁在黑虎泉的东海龙王父子，于是悄悄地解开了捆在他们身上的铁索。东海龙王回到龙宫，却发现东海已被恶龙巫支祁折腾得不像样子。适逢巫支祁率领虾兵蟹将兴风作浪，与大禹激战于河中，于是东海龙王也派兵前去为大禹助阵。最后，巫支祁被大禹擒住，锁在舜井中悔过，东海也由此恢复了平静。重新掌管东海的龙王父子为了报仇，领兵再次来到黑虎泉，经过一番恶战后，黑虎受伤，落荒而逃。

再说巫支祁，被大禹和众人合力降伏后仍心有不甘。他在井底奋力挣扎，却怎么也无法挣脱捆在身上的铁索，于是瞪着两只怪眼问："你们什么时候放我出去？"大禹说："等到铁树开花之时，你就可以出来了。"意思就是被锁在井中的黑蛟龙将永远不能重见天日，因为铁树怎么会开花呢？然而，世事难料，后来这条黑蛟龙竟然遇到了多次逃生机会并最终成功逃脱。

据说，到了清朝末年，有个从外地来的差役因口渴，到舜井取水喝时，顺手将头上的红缨帽子挂在了井口的铁柱子上。不多时，猛听得"轰隆隆""哗啦啦"一阵巨响，井水喷涌了上来，差役吓得大惊失色。旁边一位知道真相的老济南见事不好，立即冲上前去摘下了挂在井口铁柱上的红缨帽子，井水才得以缓慢回落。原来，被锁在井底的黑蛟龙巫支祁看到挂在铁柱顶端的红缨帽子,还以为是"铁树开花"了,便想挣断铁索逃出舜井。等到中华民国时期,韩复榘主政山东之时,马路上开始有了电灯。一天,韩复榘为其父亲做寿,为了表示隆重,便让人把舜井街上的木头电线杆全部换成了铁柱子。没想到,铁柱子上异常明亮的电灯又引起了井底黑蛟龙的注意,它又以为铁树"开花"了,于是想挣扎着出去,再次搅得井水外冒。济南当地一名老者见状惊恐万分,连忙对着井口大声呼叫:"那是电灯,不是铁树开花!"数声过后,井水才慢慢平复。1949年后,一天,南部山区有一位壮汉从山中砍了一担柴,挑到济南市区来卖。出于好奇,他想顺便到舜井看看"黑蛟龙",以验证传说是否为真。他不等放下柴担,就急忙往井里瞅,哪知这一瞅坏事了,猛听得"轰隆隆""哗啦啦"一阵巨响,接着一条大"黑蛟"从井里飞出,然后摇头摆尾地径直向东海飞去。当人们听闻此事聚集到舜井边时,发现那条粗壮的铁链早已不在井内,而是凌乱地堆在了井壁北侧,而且上面满是污物。那么,黑蛟巫支祁为何会逃脱呢?原来那位壮汉所砍的柴上不光带有青青的叶子,还带着各种颜色的鲜花,因为扁担的两头均包着铁皮,所以巫支祁误认为是铁树开花了,于是才挣断铁索飞出井外,逃回了东海。从此以后,人们只能看见舜井里有条铁索,却再也觅不到黑蛟的踪影了。

关于"舜井锁蛟"的传说,还有一个版本。相传大禹治水时,降伏了一条兴风作浪、破坏河道的蛟龙,并用铁链将其牢牢锁入舜井中,还告诫蛟龙只有等到铁树开花时才会释放它。千年以后,井边的铁树终于开花,但是经过悔罪并改恶向善的蛟龙此时已不愿离开美丽的济南,于是飞到南部山区化作了青龙山,护佑着山灵水秀的泉城。

如今,当人们到舜井街、宽厚里一带游玩时,如路过舜井,总会不自觉地去井边看看,然而却再也没人发现蛟龙的踪影,只看见一条粗壮的、锈迹斑斑的铁链一端锁在井口栏杆上,另一端则垂入早已干涸的井底。说实话,舜井这一古迹能够在现代化城市建设中保留下来也算是非常幸运了。

据北魏郦道元的《水经注》记载,历山之下有舜井,历山之上有舜祠。如此看来,现在的千佛山上应该还有一座舜祠。那么,如今舜井依旧在,舜祠何

舜井

处寻？幸运的是，虽历经千年岁月沧桑，但舜祠尚存于千佛山。遗憾的是，舜庙却消失了。前文说过，舜庙与舜井都在济南旧城南门里的舜井街上。舜井在2008年济南市对舜井街的全面改造中，受到有识之士的极力维护才得以幸存。2018年年初，经过重新修缮的舜井在原址复现，重新与市民和游客见面。尽管在周围高楼大厦的映衬下，失而复现的舜井显得多少有些落寞，但舜井西侧的高大石碑，仍显露出这处景观昔日的风华。然而，舜庙就没有这么幸运了，它早在20世纪60年代的一次城市改建中就消失了。由于如今重建后的舜井西侧已全被建成了商业楼宇，地面也全被硬化铺装，所以舜庙已经无法再现。其实，这座曾辉煌一时的舜庙建造年代与千佛山上的舜祠差不多，均不晚于北宋时期，有着上千年的历史，而今被毁却无法重建，的确是莫大的憾事。

令人意想不到的是，近年来，随着济南宽厚里仿古街区的建设，一座崭新的舜帝庙却在与舜井东侧仅一路之隔的宽厚里出现了，这或多或少弥补了舜庙无法重建的遗憾，也算是对舜庙这一历史遗迹的缅怀与纪念吧。不过，许多不了解舜庙历史的游人在路过此处时都会禁不住产生疑惑：在寸土寸金的宽厚里这块商业宝地上，为啥要建一座舜帝庙呢？其实，这座舜帝庙与其他庙宇性质不同，并

宽厚里的舜帝庙

非宗教场所，而是一个宣传和弘扬中华优秀传统文化的基地。走近这座古色古香的建筑，抬头便看到正门牌匾上的"舜帝庙"三字。进入院中，环顾四周，只见院内四壁上均有彩色壁画，描述了舜帝的主要生平事迹。迎面影壁之后有东西二殿分居左右，殿内以木雕人物的形式展现了上古时期的一些先贤名人。此庙主殿名为重华殿，殿内正面为舜帝和他的两位妻子娥皇、女英的塑像，舜帝居中而坐，娥皇和女英分侍左右，殿内两侧则分列着皋陶、契、弃、伯夷、夔、龙、垂、益等大臣们的造像，使殿内气氛显得庄严肃穆，威武壮观。或许，不少人还不习惯在宽厚里这个繁华热闹的商业街区出现一个有些"不伦不类"的建筑，但作为一个千年历史文化名城，济南不仅要重视经济振兴与发展，也要重视文化传承与弘扬，毕竟传统文化是一座城市的灵魂和根基所在。

除了舜耕山（即历山或千佛山）、舜井、舜庙、舜祠以外，济南还有一处历史遗迹与上古圣王舜有关，那就是娥皇女英祠。娥皇女英祠，亦名娥皇女英庙，位于今济南市三大名胜之一的趵突泉公园内。为此，北魏郦道元在《水经注》中将从趵突泉流出的溪水称为"娥英河"。据史料记载，娥皇和女英均为帝尧的女儿，娥皇为长，女英为次，均为舜的妻子。虽然舜的家庭关系复杂，家庭环境异常恶劣，但是娥皇和女英这两位聪明贤惠的夫人却凭借智慧和宽容，既维护了舜的名声与安全，又化解了家庭危机。她们将一本难念的"家经"念得如此顺溜，真是难能可贵，所以西汉刘向在《列女传》里将这二人列入"母仪传"第一，对她们赞誉有加。

舜帝晚年，听闻南方九嶷山一带发生了战乱，于是想亲自去考察一下。娥皇、女英两位夫人看到舜帝已年老体衰，就想陪着他一起去。但舜帝考虑到此行路途遥远，山高林密，道路曲折，担心两位夫人发生危险，所以便悄悄带着几个随从踏上了南巡之路。娥皇、女英得知舜帝已出发南巡的消息后，立即启程追赶。当她们追到扬子江边时遇到了大风，一位渔夫把她们送上了洞庭山。后来，她们终于打听到舜帝的消息，没想到却是舜帝去世的噩耗。她们听当地人说，舜帝到达九嶷山地区后，平息了当地的战乱，但因长途跋涉、劳累过度而死于苍梧之野，遗体被埋在了九嶷山上。听到舜帝去世的噩耗，娥皇、女英两位夫人伤心不已，她们站在湘江边上，隔江望着九嶷山痛哭流涕，泪洒青竹，随后便一起跳进了波涛滚滚的湘江。据说，她们死后化为湘江女神，人称"湘妃"或"湘夫人"。而曾被她们泪水浸染的竹子则变成了"斑竹"（也称"湘妃竹"或"潇湘竹"），竹子上的斑点恰似斑斑泪痕，见证了舜与娥皇、女英的传奇爱情。后人为了纪念二位夫人，敬仰她们对爱情的忠贞，所以在全国不少地方都建立了庙宇或祠堂，其中就包括济南趵突泉畔的这座娥皇女英祠。

有意思的是，娥皇、女英二位夫人的眼泪不仅造就了"湘妃竹"，还造就了济南的第三大名泉——珍珠泉。据说，当年舜帝南巡独自先行，娥皇、女英二位夫人随后紧追，路过济南时，受到了当地民众的盛情接待。临行前，她们不忍与热情的民众分别，泪水滚滚而下。后来，这惜别的泪水便化为泉水。由于从地下泉眼中涌出的水泡似串串珍珠，又或者因为二位夫人的眼泪珍贵如珍珠，故该泉被后人称为"珍珠泉"。正如济南民谣所云："娥皇女英惜别泪，化作珍珠清泉水。"

除了上述与舜及其夫人娥皇、女英有关的历史和自然遗迹以外，还有一些现代事物也深受舜的影响，例如舜耕路、舜华路、舜耕山庄、舜耕小学、舜耕中学、舜网等。由此可见，舜在济南所留的遗迹是何其多，舜对济南的影响是何等深刻而长远。所以，济南被誉为"舜城"也是名副其实的。相比"泉城"而言，或许"舜城"这个雅号对于济南这座古城来讲更具有历史底蕴和文化品位。

既然舜在济南留下了如此多的遗迹和传说，又是生活在龙山时代的一位杰出的圣王，那么舜与济南地区的龙山文化之间存在着什么关系呢？城子崖遗址这一龙山文化遗存是否为舜及同时代先民所留下的遗迹？这还得从舜的出生地和主要活动区域说起。

关于舜的出生地，目前学术界存在多种说法，但不少学者倾向于孟子的观点，认为舜为东夷人，出生于诸冯（即今山东省诸城市）。据史料记载和考古发现，有学者研究认为帝尧任命舜为摄政王时所居之都城"平阳"和舜二次登帝位时所迁之都城"蒲坂"均在今山西省境内，也就是说舜在位时的"天下中心"在山西。至于舜死后葬于今湖南省宁远县的九嶷山，已成为目前学术界的共识。那么，济南地区的诸多舜迹是怎么回事？难道只是舜在执政时期巡察天下时路过济南地区而留下的？还是只是后人为了纪念舜而建造的？舜庙、舜祠之类的定为后人所建无疑，但"舜耕历山"的传说难道也只是后人的附会之言？笔者认为，人的一生一般不会只在一个地方生活，古人也是如此。通观舜的一生，可分为出生、童年、青年、中年、老年、死亡等几个阶段，其主要活动区域和生平事迹可与这些阶段大致对应如下：舜出生于今山东省诸城市，其童年时期大都是在此地度过的；舜在中年时期受帝尧之命担任摄政王，后来登上帝位，执掌天下，大部分时间应是在今山西省境内的"平阳"和"蒲坂"两座都城中度过的；舜在晚年将帝位禅让给大禹之后，巡察天下，最后累死在南巡途中，葬于今湖南省宁远县的九嶷山上。这些大都是不争的事实。那么，舜的青年时期是在哪儿度过的？笔者认为，舜当时很有可能是在济南地区生活，其中最主要的证据就是"历山"。据统计，全国范围内被称为"历山"的山大概有21处，仅《水经注》所载的就有5处，分别位于今山东济南、山东菏泽、山西永济、河北涿鹿和浙江上虞。这些"历山"距离舜的出生地山东诸城最近的当属济南的历山。由于在上古时期交通不便，人类的活动区域往往十分有限，故此，笔者认为舜当年耕种的历山就是今济南千佛山，城子崖遗址的龙山文化遗存可能就是舜与其追随者的生活遗迹。笔者据古代文献记载推测，舜于青年时代为了谋生而游历四方，很可能是在今济南历山一带耕地，于黄河中捕鱼，在今山东省菏泽市定陶县学习制陶，从而掌握了诸多生活技能，练就了一身本领，为后来获得帝尧赏识而被选为接班人打下了良好的基础。可以说，济南是舜一生事业起步的地方。如果没有经过在济南的一番历练，舜日后或许也成不了"大器"，中国上古史上也会少一位贤能的圣主明君。

综观舜的一生，他所处的时代正是中国社会发展的重要转折期，东夷部族和华夏部族所代表的两大文明已完成融合，中华文明的主体框架已经形成，国家即将诞生。舜不仅创立了"父义、母慈、兄友、弟恭、子孝"的五教伦理，成为当时社会普遍遵守的道德规范，而且还曾身体力行地从事耕田、捕鱼、制陶、经商等社会实践活动，影响和催生出一股文明礼让的社会新风。可以说，舜的思想和行为孕育出的博大精深的"舜文化"，不仅是以儒文化为核心的中华民族传统道德文化的直接源头，而且还与炎帝文化、黄帝文化等一起成为中华文明的重要源头和里程碑。因为在中国古代思想文化史上影响最为巨大和深远的儒家学说，其不少理论和主张就来源于舜文化。例如文献所载孔子聆听韶乐"三月不知肉味"，而韶乐正是舜乐。再如孟子主张的"性善说"，也与尧舜之道有着密切关系。总之，舜文化在中国历史上产生的影响是巨大而深远的，乃至如今人们谈起古人孝行时必首推舜。舜作为孝道楷模和"二十四孝"之首，名副其实，数千年来一直为世人所称颂。在当今社会主义精神文明建设过程中，传承和弘扬舜文化仍具有无可替代的价值和意义，不仅可以维护民族团结和国家凝聚力，而且能够净化社会风气，提升国民的思想觉悟、道德水平和综合素质，从而助力中华民族早日实现伟大复兴。

综上所述，龙山时代是一个英雄辈出的时代，不仅造就了多位上古圣王，也孕育了多座文明古城。在济南众多的美丽神话和历史传说中，舜的传说不仅占的比例大，而且影响深远。无论从文献记载来看，还是据考古发现观察，包括城子崖遗址在内的济南地区的龙山文化遗存很可能是舜于青年时代在济南地区游历、学艺、谋生时所留的遗迹。如今，以"天下第一泉"趵突泉为代表的济南泉水早已名扬天下，但以"舜文化"为代表的济南传统文化却急需发掘、传承和弘扬。其实，"舜文化"就是济南地区乃至山东地区的"龙山文化"，它与后李文化、北辛文化、大汶口文化、岳石文化等一起构成了东夷文化，成为中华文化的重要源头之一。

JINAN 济南故事

第十三章

龙山文化溯源流

如前文所述,龙山文化只是济南这座古城数千年文明发展史上的一段。俗语说:"水有源,树有根",那么,龙山文化的源头在哪里?又流向何处呢?

现代考古发现和研究早已证实,山东地区的考古学文化发展脉络为:后李文化→北辛文化→大汶口文化→龙山文化→岳石文化→商文化→周文化……至今,济南地区的考古学文化发展序列也大致如此。从中可以看出,龙山文化是承接大汶口文化发展而来的,也就是说大汶口文化应是龙山文化的直接源头。然而,大汶口文化却是首先在山东泰安境内发现的,在很长一段时期内,考古工作者并未在济南地区发现大汶口文化的遗迹,所以长期以来城子崖遗址龙山文化的起源一直是个谜。那么,济南的龙山文化是从何发展而来的呢?是外地的大汶口文化移民带来的,还是从当地起源的呢?这一谜题直到2017年才由山东的考古工作者解开。

原来,在济南市章丘区龙山街道办事处焦家村西约800米的地方有一处古代遗址。该遗址于1987年在文物普查时被发现,由于位于焦家村,故被定名为焦家遗址。经初步调查和勘探,发现该遗址的保存状况良好,东西长约800

焦家遗址与城子崖遗址位置图

米，南北宽约700米，总面积约56万平方米。后来，考古工作者又对该遗址周围进行了勘察，发现在遗址外围还零星分布着一些古代墓葬或很薄的文化层，所以遗址总面积可能超过100万

焦家遗址发掘现场

平方米。1990年，山东省文物考古研究所曾对该遗址进行过试掘，出土了大量石器、陶器等。经研究，该遗址的延续时间较长，文化内涵丰富，包含了大汶口文化、龙山文化、岳石文化、商代、汉代等时期的遗存。因该遗址学术研究价值重大，所以在1992年被评为山东省第二批重点文物保护单位。

自1990年山东省文物考古研究所首次试掘以后，该遗址恢复了平静。直到2016年，在沉寂了26年以后，该遗址的宁静才再次被打破。正是此次考古发掘所获得的重大新发现，使得焦家遗址轰动全国，名扬天下。

2016年初春，山东大学历史文化学院副院长王芬教授率领考古队来到焦家遗址调查其范围，只见村庄包围下的农田中有一片高地，在树丛、杂草的映衬下，略显落寞、孤寂。谁曾想到，就在它下面，沉睡着一座古城和远古的文明，正等待被人唤醒；而正在山东大学考古系追寻考古梦的学子们也在急于寻找一处理想的实习场所。机缘巧合，二者虽相隔几千年却碰撞出了火花。2016年3月底，在探明焦家遗址的文化遗存分布情况后，由王芬和同事带领的30多名考古系学生组成的考古队进驻该遗址，正式展开了考古发掘工作。

由于遗址面积较大，居住区与墓葬区分布于不同区域，为了同时兼顾房址和墓葬的发掘，王芬在居住区与墓葬区中间选定了1 000平方米的区域进行布方、发掘。由于该遗址文化内涵丰富，考古队对此次发掘充满了期待。然而，令人意想不到的是，发掘工作进行了十余天，却只挖到了汉代文化层，

焦家遗址出土彩陶

未发现早期文化层的踪迹。考古领队王芬教授不禁对自己划定的发掘区域产生了怀疑,划定此区域原本是想既能挖房址又可以挖墓葬,没想到却什么也没挖到,难道此区域恰巧是居住区和墓葬区之间的空白地带?如果选错发掘区域,大家岂不白忙活一场?幸而,考古发掘工作并未因此停止。终于,随着一个墓葬轮廓在探方中的显现,形势出现了转机。陶杯、陶鼎等器物相继出土,如拨云见日,一扫多日以来萦绕在考古队员心中的阴霾,喜悦之情洋溢在整个考古发掘工地上。对于这个难得的发现,考古队员都很兴奋,几乎忘记了疲劳,当天的发掘工作一直持续到深夜,直到将所有陶器全部清理完毕才收工。然而,墓葬中肯定不会只有陶器,为了防止墓葬被盗,几名考古队员就地搭建起简易帐篷,轮流守护。次日凌晨,意犹未尽的考古队员一大早就起床了,借着昨天的兴奋劲儿继续清理墓葬中的遗物。不久后,此次发掘就在欢快的氛围中结束了。此次发掘最重要的收获就是发现了大汶口文化时期的墓葬和遗物。

2017年初,王芬率领考古队再次来到焦家遗址,对该遗址展开了新一轮的发掘工作。通过去年的第一次发掘,已对该遗址的遗存分布状况有了大致了解,所以此次划区、布方、发掘等工作都比之前从容得多。在本次发掘中，除了大量大汶口文化遗迹，还发现了一些龙山文化、岳石文化和汉代的遗迹。其中，最重要的成果是清理了116座大汶口文化时期的房址和215座大汶口文化时期的墓葬，发现了大汶口文化时期的城墙、壕沟、灰坑、祭祀坑、窑址、窖穴、手工作坊等重要遗迹。其中，城墙现存宽度10米至15米，残高不到1米，壕沟宽约25米至30米。从发掘的地层关系来看，一些时代为大汶口文化晚期的大型墓葬直接打破夯土墙。因此，夯土墙的年代不会晚于大汶口文化晚期。种种迹象表明，焦家遗址应是目前发现的海岱地区或黄河下游地区年代最早的城址。

经过山东大学考古队前后两次的发掘，在焦家遗址2 170平方米的范围内发现了极为丰富的大汶口文化遗存，包括1圈夯土墙和壕沟、116座房址、215座墓葬、1座陶窑等。此外，还有一些龙山文化、岳石文化和汉代的遗存。由于焦家遗址南距龙山文化的发祥地城子崖遗址仅有5公里，所以专家认为焦家遗址的大汶口文化就是城子崖遗址龙山文化的直接源头，由此证明济南地区的龙山文化是从本地起源的。另外，焦家遗址中发现的大汶口文化中晚期城墙遗迹，又将山东地区出现早期城市或国家的时间从龙山文化时期提前至大汶口文化时期，即将济南的城建史和文明发展史又向前推进了1 000多年。而遗址中大片尚未发掘的地带，依然令考古工作者充满了期待与遐想，说不定在未来的考古发掘工作中还会有让人更加惊喜的新发现。有专家认为，研究中华文明的起源和形成，最重要的时间段就是距今5 000年前，而焦家遗址的发现与发掘恰好填补了黄河下游地区这个时间段的空白。总之，有了焦家遗址的大汶口文化出土，济南地区的史前文化发展序列又增添了重要一环。

其实，有着如此重要学术价值和文化地位的焦家遗址自20世纪80年代就曾零星出土过一些古代遗物，因为当时遗址旁边有一座窑场，工人从遗址中取土烧窑时经常会挖掘出一些陶器、玉器等遗物，只是此类古物并未引起人们的重视。不过，随着古代文物价值的提升，该遗址中埋藏的"宝物"引起了一些不法分子的觊觎。20世纪90年代，该遗址一度发生了盗墓现象，在村民中引起了很大震动。所幸被盗文物后来大部分被收缴回来，交给了龙山文化博物馆（原城子崖遗址博物馆）保管。通过此事，当地村民的文物保护意识得到了加强，由此才有了后来王芬率领考古队进村时，被当地村民误以为是盗墓分子而举报的小插曲。

经过山东大学考古队的两次发掘，焦家遗址一夜成名，各级领导和专家相继来此访古，让之前一直默默无闻的小村庄充满了人气，也让村民们开了眼界、长了见识。山东省文物局"趁热打铁"，于2017年6月的"世界遗产保护日"当天，在焦家遗址成立了公众考古基地，使得略显神秘的考古工作呈现在公众面前。出土的珍贵文物在龙山文化博物馆进行了特别展出后，又于2018年7月和11月被先后送至中国国家博物馆和山东博物馆进行了专题展览，吸引了如潮的观众。

焦家遗址及出土文物以其重要的学术价值在学术界也激起了一番波澜。考古发掘显示，焦家遗址中的大汶口文化中晚期墓葬大都有棺椁等葬具，有的甚至还有一重棺、两重椁，从中出土的不仅有各种形制的陶器，还有包括象征王权的玉钺在内的大量精美玉器，说明5 000多年前在该聚落中曾生活着一个庞大的贵族阶层，此地应该是鲁北地区古济水流域的一处具有政治、经济、文化中心意义的都邑性聚落。焦家遗址是在国家"中华文明探源工程"的关键阶段被重新认定历史价值的远古遗址，填补了鲁北地区大汶口文化中晚期阶段聚落形态研究的空白，为探究黄河下游地区古代社会的发展演变进程提供了珍贵的线索。因此，长期、系统地开展焦家遗址的聚落考古和多学科的综合研究，对于探讨海岱地区新石器时代晚期的聚落结构和人地关系、深化中国东部地区的文明起源和形成研究均具有重大价值和意义。可以说，中国东部地区的文明起源和发展，在焦家遗址中若隐若现。

作为近30年来大汶口文化最重要的考古成果之一，焦家遗址于2018年先后入选国家文物局"全国十大考古新发现"和中国社会科学院"六大考古新发现"，受到了一致认可，得到了应有名分。城子崖遗址龙山文化的来源也终于有了明确答案。焦家遗址大汶口文化奠定了此后龙山时代的物质文化基础，成为文明前夜的一颗璀璨明星。

文化的发展往往是一脉相承的，既然焦家遗址的大汶口文化是济南地区龙山文化的源头，那么龙山文化又"流向"了何处呢？其实，答案就在城子崖遗址中。前文说过，早在20世纪30年代，考古工作者就在城子崖遗址中发现了文化堆积三叠层，位于龙山文化上层的正是岳石文化。考古发现和研究表明，岳石文化就是承接龙山文化发展而来的。

　　岳石文化因最早发现于山东省平度市东岳石村而得名。岳石文化遗址位于大泽山镇东岳石村附近，于1959年修建淄阳水库时被发现。1960年，中科院考古所对该遗址进行了发掘，从中出土了大量石器、陶器、骨器、蚌器等遗物。起初被归于龙山文化范畴，但由于该遗址中出土的文物具有独特的造型与风格，故在20世纪80年代被重新认定和命名为"岳石文化"，且进一步证实它是由东夷族所创造的一种古老文化。经学者研究，岳石文化是承继山东龙山文化发展而来的一支考古学文化，主要分布于海岱地区，与龙山文化的分布范围大致相同。该文化是山东省境内继龙山文化（1928年发现于章丘龙山）、大汶口文化（1959年发现于泰安大汶口）两种最重要的考古文化之后又一次具有划时代意义的考古发现，填补了海岱地区史前文化发展序列的一个缺环。经测定，其绝对年代为公元前1900年至公元前1500年之间，时代与中原地区的二里头文化大致相当，所以对研究龙山文化的去向和夏代历史具有重要价值。

　　据统计，目前经过发掘的岳石文化遗址大约有30余处，其中比较重要的有山东省的平度东岳石、牟平照格庄、青州（益都）郝家庄、章丘王推官

岳石文化子母口陶尊形器

庄、泗水尹家城、菏泽安邱堌堆和河南省的杞县鹿台岗等。经过对这些遗址的科学发掘和对出土遗物的系统研究，学者们对岳石文化的绝对年代、分布范围、文化分期、地方类型、文化特征、社会性质、经济状况及其与同时期考古学文化的关系等问题均有了初步认识。关于该文化的年代，学者认为大约在距今3 950年至3 500年之间，其上限可能延伸到距今4 000年，个别地区的下限可能还会稍晚一些。其分布范围以泰沂山系为中心，北起鲁北冀中，向南越过淮河，西自山东最西部及河南省的兰考、杞县、淮阳一线，东至黄海之滨。有学者根据泗水尹家城、安邱堌堆、牟平照格庄、邹平丁公等遗址出土的资料，将岳石文化划分为四期。此外，学者还根据各地区岳石文化遗址出土遗物的特征与风格的差异将其分为照格庄类型、郝家庄类型、土城类型、王推官类型、尹家城类型、安邱堌堆类型等多个地方类型。

  不过，与其他同时期的考古学文化相比，岳石文化的总体文化特征还是比较明显的。岳石文化时期的陶器制作比起龙山文化时期的鼎盛阶段，无论是种类还是器形都有较大变化。岳石文化陶器的主要风格是古朴典雅、厚重实用，大致分为夹砂陶和泥制陶两种，多数陶器为泥质灰胎黑皮陶和夹砂红褐陶。泥质陶古朴精致，胎壁厚、种类少，但是都采取了先进的轮制方法，火候也比较高，普遍饰有凸棱数周而形成独特的风格；而夹砂陶的制作却显得草率粗糙。总体来看，子母口、凸棱、唇边外凸或叠唇、器物转折圆钝、器底周缘外凸等为岳石文化陶器与众不同的明显特征。具体而言，在已发现的岳石文化陶器中，炊器甗的数量甚多，但保存完整者却很少。再如子母口罐，虽然发现的数量不多，但却有着鲜明的特征，并与龙山文化同类器的传承关系较为清楚。再如平底尊和蘑菇状纽器盖，也都是岳石文化的标志性器

岳石文化蘑菇状纽陶器盖

类，显现出与其他文化的明显不同。而在大汶口文化和龙山文化中十分盛行的鬶，到岳石文化时期已很少见到了。此外，在泥质陶器上绘有朱色图案或红、白、黄彩绘云纹以及夹砂的红褐陶器表面抹光且颈、腰、裆部常有附加堆纹等文化特征，也均不见于龙山文化。

至于岳石文化的社会性质，有学者认为，其社会形态仍然是龙山文化时期社会形态的延续，即属于城邦国家的发展时期，以家族所有制为主体的生产关系日益巩固，建立在家族基础上的分散王权得到普遍加强和发展，军事力量不断壮大，以青铜器为代表的新生产力的出现，预示着新的生产关系正在酝酿之中。考古发现和研究表明，农业生产是岳石文化的主要经济形式，生产工具主要有斧、铲、镢、锛、凿、锤、刀、镞等石器，镞、凿、锥、针等骨器，镞、锥、鱼镖等角器以及镞、镰等蚌器。此外，还有一些陶纺轮和陶网坠。其中，半月形双孔石刀和亚腰石斧不但实用，而且制作精致、造型精美，反映出该文化先民先进的加工技术和较高的审美品位。此外，以锥形器为代表的青铜器的出现，说明青铜农具已被用于农业生产，不仅反映了当时冶炼技术的提高，也表明青铜冶炼和铸造这一手工业部门的形成，预示着当时社会已步入青铜时代。除了农业和手工业以外，岳石文化先民还从事渔业，大量陶网坠的出土表明当时的人们已经熟练掌握结网捕鱼的技术，这也说明采集与渔猎经济在岳石文化先民的经济生活中仍占有一定地位。

岳石文化的主体因素虽然来源于海岱龙山文化，但也吸收了其他同时期的一些文化因素，所以与其他地区同时期的考古学文化有着密切联系。由于岳

岳石文化亚腰形石斧　　　　　　　　岳石文化半月形双孔石刀

石文化的历史年代与我国古代典籍中所载的夏代基本一致，而夏代的海岱地区在古代典籍中被笼统地称为"东夷"，所以岳石文化的发现不仅填补了山东地区的龙山文化与商文化之间的缺环，而且"翻开了夏代东方考古文化研究和夷夏关系研究的新篇章"。据考古发现与学者研究，河南龙山文化晚期阶段，已进入夏代统治时期。当时，以商族势力为代表的中原文化迅速东进，挤压了岳石文化先民的生存空间。岳石文化的一些氏族开始向淮河一带迁徙，并与当地氏族融合为商代的淮夷。还有些氏族继续南下，后来在南京、镇江一带发展为"湖熟文化"。而泰沂山系以东的一些氏族则仍旧保持着岳石文化的纯正血统。从考古学角度来看，岳石文化与同时期的中原二里头文化之间关系密切，不过以岳石文化对二里头文化的影响为主。因为考古证据显示，典型的岳石文化因素已经深入到二里头文化分布区的腹地，而二里头文化对岳石文化的影响则仅限于豫东一带，并未进入鲁中南等岳石文化腹地。考古发现与研究表明，岳石文化和湖熟文化也存在诸多相似之处，二者之间的相互影响比较明显，但也以岳石文化对湖熟文化的影响为主。历史发展证明，不同文化之间的交流与融合对促进社会与经济的发展是十分有利的，中华文化正是五千多年以来生活在华夏大地上的各族文化相互影响、交流与融合的结果。

综上所述，考古发现与研究表明，山东地区史前文明的发展是自成体系、一脉相承的，是沿着后李文化→北辛文化→大汶口文化→龙山文化→岳石文化的序列循序渐进的，形成了独有的文化谱系。考古材料充分证明，山东龙山文化不是来自其他地区，也非来自海外，而是从本地独立起源的。至于济南地区的龙山文化，应发源于焦家遗址的大汶口文化，而发展为城子崖遗址的岳石文化，并一直发展演变至今，形成了一个序列完整的济南文明发展体系，谱写了一部精彩的济南文明发展史。可以说，城子崖遗址内涵丰富、底蕴深厚，堪为中华文明的发祥地之一。龙山文化前承后续、源远流长，与其他文化共同铸就了历史悠久、博大精深的中华文明。

第十四章

JINAN 济南故事

龙山文保气象新

既然龙山文化是中华文明的重要源头之一，那么就值得研究和传承；既然城子崖遗址为龙山文化的发祥地，那么就值得保护和利用。近年来，随着我国经济实力的不断增强和社会发展的持续进步，国家对文化及文物保护事业的发展也愈加重视，因为只有提升文化软实力，增强文化自信，才能真正实现中华民族的伟大复兴。在文物保护方面，作为文化大省的山东自然不甘落后，政府出台了诸多措施以推动文保事业的发展。而作为山东省省会和全国历史文化名城的济南市，在文物保护和文化资源开发利用方面也做出了很好的表率。以济南市章丘区为例，坐拥五项"全国十大考古新发现"，在全国区县中算是绝无仅有的，可谓独占鳌头。由于具有丰厚的历史文化资源和得天独厚的地理环境优势，所以章丘区政府对当地文化资源的开发利用和文物保护事业自然也倍加重视。关于济南市政府和章丘区政府在龙山文化及城子崖遗址的保护、宣传、开发、利用等方面所实施的举措和做出的贡献，在此做个简要介绍。

前文说过，被誉为"考古圣地"的城子崖遗址于1928年被吴金鼎发现后，至今已历经三期科学的考古发掘工作，并于1961年被公布为第一批全国重点文物保护单位。1990年，城子崖龙山与岳石文化遗址的发掘被评为当年"全国十大考古新发现"。2008年，城子崖遗址被财政部和国家文物局列为"十一五"期间全国重点保护的100处大遗址之一。2013年，该遗址又被列入"十二五"期间全国重点保护的150处大遗址之一。

由于龙山文化具有重要的研究价值和历史意义，所以其发祥地城子崖遗址在中华文明发展史上自然也占据了重要一席，拥有了独特的地位。鉴于此，济南市政府与章丘市政府早在1994年就共同投资600多万元兴建了城子崖遗址博物馆，以加强

城子崖遗址博物馆

龙山文化博物馆

对该遗址的保护与宣传。城子崖遗址博物馆占地3万平方米，为山东首座史前遗址博物馆，是由中国社科院考古研究所著名古建筑专家杨鸿勋设计的。该馆设计独特，仿照原始社会土城之建筑风格，远眺为一组古建城堡，俯视为一只展翅欲飞的玄鸟，为全国唯一一座土堡式建筑。由于城子崖遗址博物馆入选了国家编制的"十一五"100处大遗址保护规划项目库，所以对该馆的改造提升被章丘市政府列为重点工程。2012年10月下旬，城子崖遗址博物馆的改造提升工程正式启动，经过一年的整修扩建后圆满收官，实现了华丽变身，并被改名为"龙山文化博物馆"。经过改造升级，该馆的展陈面积由1 000平方米扩大到3 000平方米，展品一改以实物展示为主的陈旧风格，而新增设了八处复原龙山先民生活的微缩景观，以使参观者更加直观地了解龙山文化时期"济南人"的生产、生活场景。此外，该馆还新增了参观者休息区、学术报告厅等，面貌可谓焕然一新。有趣的是，该馆主体建筑的外形，从上向下看犹如一只展翅欲飞的鸟，彰显了当时东夷族对凤鸟图腾的崇拜。

据介绍，扩建后的龙山文化博物馆不仅面积增大了三倍，而且展品数量和种类也大为增加，展出了后李文化、北辛文化、大汶口文化、龙山文化、岳石文化、商周时期及汉代的各类文物370余件，如后李文化的石磨盘与石磨棒（西河遗址出土），龙山文化的黑陶杯、鼎、鬲、甗、釜、盆、碗、红陶鬶、香薰炉等陶器，而尤以蛋壳黑陶杯最具特色，也最为引人注目。为了便于参观者从各个角度全面欣赏种类多样、造型各异的陶器，该馆还专门采用了高大透明的玻璃通天柜进行陈列，这在全国尚属首例。另外，在新馆布置和展陈方面，除了对文物进行常规展陈以外，最为引人注意的当属多处多媒体展示平台。该馆广泛运用声、光、电等现代技术，通过LED大屏展示、触摸屏、场景音像投影等方式，使考古工作者对城子崖遗址的历次发掘均通过多媒体以影像的形式展示出来，显得更为生动形象，从而让广大游客深切感受到文化带来的感染和震撼。总体来看，虽然新馆仍保持了原有的建筑结构，但是有限的空间却得到了充分利用，实物、图片、文字以及声光电等多媒体手段的综合运用，

龙山文化博物馆玻璃通天柜

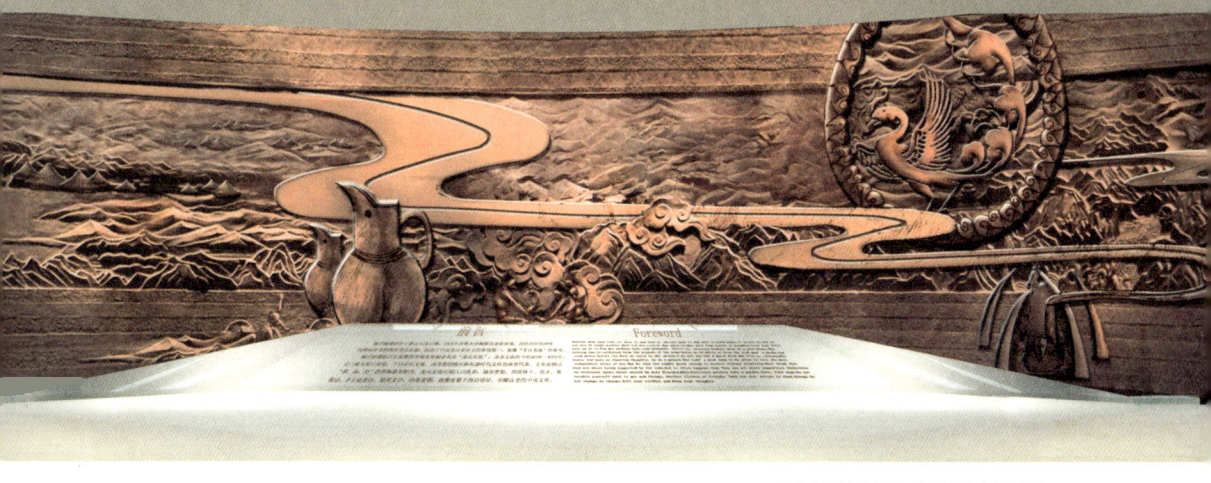

龙山文化博物馆青铜浅浮雕"龙山魂"

使得古朴的建筑洋溢着新时代的气息，恰似时空交融，汇集于同一空间，使参观者仿佛身临其境，在某一刹那觉得回到了4 000多年前。

如若不信，那就请随笔者进入龙山文化博物馆，穿越"时光隧道"，开启"梦幻旅程"，一起去了解古代文明的起源与发展，感受史前文化的震撼与洗礼吧。

穿过博物馆的正门就进入了序厅，迎面是一幅长10米、高3米的青铜浅浮雕——"龙山魂"，里面融入了城市、邦国、祭祀、图腾、农事及生活场景等龙山文化时期的重要文明元素，展现了4 000多年前黄河下游地区人类生活的绚丽画卷。

离开序厅向左走，就来到"龙山破晓——西河、小荆山遗址"展厅。西河遗址所蕴含的后李文化年代距今约8 500年，处于母系氏族社会阶段，为龙山文化的重要源头。该遗址也位于章丘，还曾被评为1997年度中国十大考古新发现之一。半景微缩景观"小荆山环壕聚落"是该馆改造后新增设的八个微缩景观之一，依据章丘小荆山遗址平面还原当时村落原型，可谓一大特色，能使参观者更加直观地了解当时的生活场景。另外，在该展厅另一侧的展柜中，还陈列着陶盆、陶碗、陶釜等西河遗址所出土的后李文化时期的典型器物。

再往西走，就步入"文明之星——城子崖遗址与龙山文化"展厅。该展厅中最为显眼和独特的就是3组又高又大的玻璃通天柜，里面分层摆放的多件器物，显得高低错落有致，使人透过玻璃可以看清楚每件器物的细部特征。此外，城子崖龙山文化古城、龙山制陶场景等缩微景观的陈设，使参观者能够切实感受到龙山先民的生活和生产状态。据介绍，城子崖龙山文化古城景观其实是由两部分组成的，上半部分是油画，下半部分为实物，两部分实现了无缝对接，使城子崖古城的美景生动地展现在观众面前。

穿过该展厅一路向西，还有"考古圣地——城子崖遗址的发现与发掘""济南寻根——东平陵城""结束语"等3个展厅，不再逐一介绍，读者如有兴趣，可以亲自去龙山文化博物馆体验跨越6 000多年的文明历程。

实际上，城子崖遗址博物馆（即龙山文化博物馆）的改造提升只是一项国家级大工程的一部分，而该工程就是国家考古遗址公园建设。2013年初，在山东省及济南市文物部门的指导下，当时的章丘市文广新局、文物局启动了城子崖国家考古遗址公园的立项工作，积极按照相关标准组织材料，委托资质单位编制《城子崖国家考古遗址公园规划》，并通过层层评估，于2013年12月通过国家文物局批准，列入全国第二批国家考古遗址公园立项名单。2017年12月2日，国家文物局公布了第三批国家考古遗址公园名单，城子崖遗址正式成为国家考古遗址公园。这也是继曲阜鲁国故城国家考古遗址公园和大运河南旺枢纽国家考古遗址公园之后，山东省的第三个国家考古遗址公园。加上此前曾入选

城子崖国家考古遗址公园

过国家考古遗址公园立项名单的泰安大汶口考古遗址公园、临淄齐国故城考古遗址公园和2017年12月刚入选第三批国家考古遗址公园立项名单的日照两城镇考古遗址公园，山东省目前已有六处遗址获批建设国家考古遗址公园。

国家考古遗址公园是文化遗址的一部分，是指以重要考古遗址及其背景环境为主体，具有科研、教育、游憩等功能，在考古遗址保护和展示方面具有全国性示范意义的特定公共空间。它是国内文博界、考古界的最高荣誉，要获得这个称号可不是件容易事。

城子崖遗址之所以能够获得"国家考古遗址公园"这一殊荣，主要是因为它是中国的"考古圣地"。它不仅是龙山文化的发祥地和代表性遗址，还兼有岳石文化时期和东周时期的城址，可谓文化内涵丰富，历史底蕴深厚。龙山文化的发现，不仅打破了"中国文化西来说"，也为探寻中华文明的起源提供了一个重要线索。该遗址的发现，铸就了中国考古学史上的一段传奇；该遗址的发掘，成为中国考古学发展史上的一座重要里程碑。所以，城子崖遗址成为国家考古遗址公园可谓实至名归。

城子崖国家考古遗址公园的规划是：以城子崖遗址及其环境风貌保护为基础，以科学研究与合理展示为发展方向，逐步将城子崖遗址规划建设成为具有"真实性、可读性和可持续性"的考古遗址公园，为城子崖遗址的永续保护、研究和利用奠定基础。据悉，该遗址公园的规划总面积约130多万平方米，根据规划范围内的地理地貌及功能要求，分为遗址展示区（遗址外环）、管理服务区（龙山文化博物馆北侧）、博物馆展示区（龙山文化博物馆所在区域）、滨河遗址风貌区（遗址西侧）、陶艺展示区（遗址东侧）、考古体验区（遗址西北）、农耕区（遗址南侧）、预留区（遗址中心周围约10米范围）等8个功能不同的区划，规划建设期为2013年至2025年，将分三期进行建设。城子崖国家考古遗址公园建成后，将成为集保护、展示、教育、休闲、体验为一体的综合性公共空间。在园区内，游客不仅可以享用令人大饱眼福的文物盛宴，还可以学习精美陶器的制作技艺；不但能够尝试考古发掘的神秘乐趣，而且可以体验刀耕火种的史前人类生活方式。总之，在园区游历一番后，可以使人真切感受到龙山文化的深厚底蕴和神奇魅力。

　　曾经有专家评价城子崖遗址为"地下气象万千，地上一无所有"，而如今随着国家考古遗址公园项目的启动和建设，该遗址的面貌呈现出一派欣欣向荣的新气象。其一，经过改造提升后，龙山文化博物馆不仅成为国内首屈一指的遗址博物馆，也成为章丘、济南乃至山东的一张亮眼的文化名片，年接待国内外游客近10万人次。其二，2015年8月20日，包括龙山文化博物馆前广场绿化、游客服务中心、停车场在内的遗址公园的一期各项工程基本完工，遗址面貌焕然一新。因为只有龙山文化博物馆这一个景点，对游客的吸引力显然是不够的，所以又在遗址公园内新开辟了农业观光区。遗址上种植的小米与周围环境相融合，形成了颇具观赏价值的历史文化与自然风貌有机结合的园区风貌。其三，遗址公园的二期工程已经启动，各功能区正在紧张建设之中，相信在若干年之后，该遗址公园将成为展现章丘悠久历史底蕴、丰富市民文化生活的重要地标性公共文化场所。此外，作为城子崖国家考古遗址公园建设的一部分和中华文明探源工程的子课题，山东省文物考古研究所自2013年开始再次对城子崖遗址进行了考古发掘。此次考古发掘与遗址公园建设是同步进行的，目的是想进一步了解该遗址所含三期文化的内涵，深入探寻各时期的文明信息。目前，考古工作者对城子崖遗址中部及北段探沟的发掘已取得阶段性成果，连同新发现的南城墙遗迹，将成为城子崖国家考古遗址公园的重要展示内容之一。总之，城子崖国家考古遗址公园的建设为将来更加深入地研究、探索和解读龙山文化提供了成功的生态文化保护范本。此外，在建设城子崖国家考古遗址公园的同时，章丘区政府还专门制定并出台了《龙山文化生态保护区规划纲要》，积极争创省级龙山文化生态保护区。

　　当前，包括龙山文化博物馆在内的城子崖国家考古遗址公园的开发与建设正在有条不紊地进行中。虽然遗址环境及硬件设施得到了很大改善与提升，但对龙山文化的研究却是一个薄弱环节，长久以来并未引起学界的足够重视。为此，在相关部门组织下，全国第一个专门研究龙山文化的学术组织——龙山文化研究会应运而生。2014年10月19日，龙山文化研究会成立大会暨龙山文化研讨会在章丘召开，来自全国各地的40余位专家学者齐聚龙山文化的发祥地，围绕龙山文化遗址的保护和利用，龙山文化遗址的最新考古发现与研究，深入挖掘龙山文化与良渚文化等同时代、不同区域与类型文化的关系，龙山文化博物馆及城子崖国家考古遗址公园的建设、运行及管理等议题展开了深入而广泛的讨论，并提出了不少良好的建议。此次会议的成功举办，标志着龙山文化研究有了一个规范、官方、权威的全国性科研组织。据介绍，龙山文化研究会隶属于山东省考古学会，其宗旨是整合广大文博工作者及相关领域的研究力量，促进龙山文化的深入研究。研究会的首批会员有46名，为来自全国各地高等院校、科研机构、文博单位中研究龙山文化的专家学者及工作人员。相信在龙山文化研究会的号召、带动和引领下，龙山文化的研究领域将会逐渐拓宽，研究程度将会不断加深，研究成果将会日益丰富，社会效益将会极大提升。

无独有偶，在山东省考古学会龙山文化研究会成立不久后，又一个致力于保护、传承、弘扬、挖掘、研究、交流龙山文化的平台——中国龙山文化研究会成立。2015年12月21日，由山东省文交所主办的中国龙山文化研究会成立大会在济南召开，国家文物局原局长、故宫博物院原院长吕济民，著名历史学家、原毛主席政治秘书室主任戚本禹，以及来自省政府、高校、企业、民间团体的主要领导参加了本次会议及相关活动。据介绍，该研究会将致力于保护与开发龙山文化遗址、遗迹和遗存，研究与鉴定龙山文化黑陶和玉器，以及筹备"申遗"等工作。相信在中国龙山文化研究会的推动下，龙山文化的影响将会得到进一步扩大，享誉全球，从而在传承与弘扬中华优秀传统文化的史册中留下精彩而厚重的一页。

就在城子崖国家考古遗址公园一期工程完工之际，章丘又迎来了一大盛事。2015年8月23日至29日，"第22届国际历史科学大会"在济南隆重召开，这是素有"史学奥林匹克"之称的国际历史科学大会百年来第一次走进亚洲。根据大会安排，本届史学大会还将以举办地的历史文化特色作为卫星会议，而章丘则承担着龙山文化卫星会议的支持和保障工作。8月24日，"第22届国际历史科学大会龙山文化卫星会议"在章丘文博中心顺利召开，此次会议以"比较视野下的龙山文化与早期文明"为主要议题,来自国内外的62位专家学者围绕这一主题发表了各自的观点和看法,从世界早期文明比较研究的角度探讨了龙山文化及中华文明的起源,涉及城子崖城址考古研究的新进展,岳石文化与夏商文化,聚落考古与社会复杂化研究,龙山文化的发现、研究与价值评估,龙山文化遗产的保护与利用等多个研究领域。除了学术研讨会以外,章丘相关部门还为与会各国专家准备了一顿丰盛的文化大餐,不仅可以到章丘文博中心、龙山文化博物馆、城子崖遗址等处进行实地考察,还可以欣赏五音戏、剪纸、黑陶等章丘的代表性文化技艺,从而深切感受龙山文化的博大厚重气息,亲身体验章丘深厚的历史文化底蕴。

其实,第22届国际历史科学大会组委会选择在章丘举办龙山文化卫星会议并非偶然,因为章丘与国际历史科学大会之间还有一段鲜为人知的渊源呢。按照惯例,在每届国际历史科学大会召开期间,都要选出下一届史学大会的举办地。为了争取举办第22届国际历史科学大会,我国于第21届国际历史科学大

第22届国际历史科学大会开幕式

会召开期间提交了申报材料，其中就曾展示过一件从章丘出土的文物——陶猪。这件造型古朴的陶猪是从章丘西河遗址出土的，年代距今约8 000多年。它的出现，不

西河遗址出土陶猪

仅生动形象地反映了古人的思想意识和审美观念，也说明猪在当时已成为人们的驯养对象和食物来源。所以，这件陶猪为研究我国制陶工艺和探寻中华文明起源提供了重要实物证据，历史价值非同一般。鉴于此，仿照它的样子做成的工艺品，被章丘当作独特的代表性礼物，赠送给前来参会的各国专家学者们。

2019年春天，山东省首家大型史前社会研学、教育、体验项目在城子崖国家考古遗址公园内建成，"城子崖研学游"也成为龙山文化博物馆社会教育的一个新亮点。作为济南东部的重要研学基地和项目之一，"城子崖研学游"旨在打造一个优秀的社会教育品牌。"城子崖研学游"将以城子崖遗址深厚的文化底蕴为依托，全方位、立体式地向广大青少年展现4 000多年前先民的生活画卷。据介绍，该研学项目专门建造了一个仿古样式的"史前工场"作为活动基地，以让青少年通过参与各种活动，体验身临其境的感觉。这些活动可谓丰富多彩，除了参观龙山文化博物馆、探访城子崖遗址以外，还将通过考古勘探、考古发掘、陶艺制作、植物拓染、钻木取火、石器磨制、城墙夯筑、文物修复、铁锅打制、原始农耕等一系列活动，让青少年从室内走向野外，不仅能从亲身体验中找到乐趣，也能深切感受到龙山文化的非凡魅力，领略济南上古历史的辉煌。另外，通过参与这些活动，不但能够培养青少年的实践能力与社会责任感，激发他们的创新精神和创造活力，而且可以促进学校教育与社会实践的有机结合，助推全面素质教育迈上一个新台阶。

综上所述，无论是山东省政府，还是济南市政府及章丘区政府，都对龙山

文化这一中华文明的重要源头高度关注，并实施了一系列发掘和弘扬龙山文化的有效措施，显现出山东省各级政府对文化事业及文保事业的重视和支持。龙山文化博物馆的改造与提升、城子崖国家考古遗址公园的规划与建设、山东省考古学会龙山文化研究会和中国龙山文化研究会的成立与运行、城子崖研学游项目的打造与推广，这一系列重大事件均昭示着各级政府对龙山文化的保护、传承、弘扬、研究、发掘、利用等已提升到一个新的高度，山东的文化事业发展迈上了一个新的台阶，文物保护事业呈现出一派欣欣向荣的新气象。

JINAN 济南故事

第十五章

古城遍开文明花

文明乃"城市之魂",是推动人类社会持续发展的"助推器"。通过前文可知,济南自4 000多年前的龙山文化时期就已建城。近年来新发现的焦家遗址大汶口文化古城又将济南的建城史往前推了1 000多年。因此可以说,济南这座古城有着5 000多年的文明史,也算是中华文明发展史的一个缩影。从9 000多年前开始有人类在济南地区活动,到5 000多年前出现文明萌芽,再到如今济南被评为"全国文明城市",济南的文明发展史虽然不是一帆风顺,但却从未间断过。

　　说起济南的人类文明遗迹可谓时代各异,类别多样,遍布全城。其中,在分布于济南各处的不可移动文物里,被列为全国重点文物保护单位的就有30处。全国重点文物保护单位是中华人民共和国国务院所属的文物行政部门(即国家文物局)对不可移动文物所核定的最高保护级别,即中国国家级文物保护单位。根据《中华人民共和国文物保护法》第十三条的规定,中国国务院所属的文物行政部门(即国家文物局)在省级、市级、县级文物保护单位中,选择具有重大历史、艺术、科学价值者确定为全国重点文物保护单位,或者直接确定,并报国务院核定公布。据统计,自1961年3月4日至2019年10月7日,中国国家文物局先后公布了八个批次共计5 058处全国重点文物保护单位,其中就包括济南的30处。关于济南的30处全国重点文物保护单位,入选第一批的有城子崖遗址、孝堂山郭氏墓石祠,入选第二批的有灵岩寺,入选第三批的有四门塔、千佛崖造像,入选第五批的有西河遗址、汉济北王墓、齐长城遗址(跨市县),入选第六批的有东平陵故城遗址、卍字会母院旧址、小荆山遗址、洪家楼天主教堂,入选第七批的有嬴城遗址、大辛庄遗址、牟国故城遗址、明德王墓地、平阴永济桥、翠屏山多佛塔、长清莲花洞石窟造像、济南纬二路近现代建筑群、原胶济铁路济南站近现代建筑群、济南泺口黄河铁路大桥、原齐鲁大学近现代建筑群、莱芜战役指挥所旧址,入选第八批的有焦家遗址、汶阳遗址、刘台子遗址、老庄大佛寺石刻造像、济南万竹园、五三惨案遗址。除了这30处全国重点文物保护单位以外,济南市还有毛主席视察北园公社纪念地、毛主席视察省农科院纪念地、周总理视察泺口黄河铁路大桥纪念地、中共山东省

洪家楼天主教堂

四门塔

原胶济铁路济南站近现代建筑群

翠屏山多佛塔

济南泺口黄河铁路大桥

委秘书处旧址、英雄山革命烈士陵园、解放阁、大佛寺石刻造像、小屯遗址、玉皇冢遗址、房彦谦墓、中国社会主义青年团济南地方团成立会址、辛亥革命烈士陵园、龙洞东佛峪摩崖石刻造像、府学文庙、济南南大寺、万竹园、张官遗址、王官遗址、焦家遗址、大柳杭遗址、周河遗址、王推官庄遗址、刘家台遗址、芦坊遗址、小官庄墓群、道贵墓、张养浩墓、李开先墓、月庄遗址、新屯汉墓群、孟庄汉墓群、殷士儋墓、大明湖、石佛堂、平阴县学文庙、兴国寺、兴福寺、五峰山洞真观、华阳宫古建筑群、平阴四山摩崖石刻、黄台车站德式建筑、"五·三"惨案蔡公时殉难地、奎虚书藏、老舍旧居、王统照墓等61处（包括原莱芜市16处）省级文物保护单位，以及周恩来同志1946年视察北平军事调处部济南执行小组纪念地、王士栋烈士纪念地、济南战役山东兵团指挥所旧址、大峰山革命遗址、黄石崖造像、黄花山造像、佛慧山大佛头摩崖造像、赵八洞造像、清真北大寺、长春观、清巡抚院署大堂、升阳观正殿、吕祖庙三大殿、题壁堂、浙闽会馆、五龙潭秦琼故里、清河太夫人墓、闵子骞墓、督城隍庙、万德西南遗址、埠村东南遗址、陈洼遗址、马彭遗址、马安遗址、邢亭山遗址、邝家遗址、黄桑院遗址、东三里遗址、张庄遗址、陈庄遗址、宁家埠遗址、小李遗址、南河遗址、西鹅庄北遗址、巡检遗址、七郎院遗址、张营遗址、古城遗址（传为祝阿故城）、侯家遗址、神宝寺遗址、开元寺遗址、四禅寺遗址、鲍叔牙墓、扁鹊墓、毕杨汉墓群、柴油机厂壁画墓、真相院释迦舍利塔地宫、党家庄西清真寺、王泉摩崖造像、千佛山摩崖造像、玉函山摩崖造像、太甲山摩崖造像、龙兴寺丈九佛造像、锦屏山碑刻、史元厚烈士纪念堂、绿竹园遗址、郑家遗址、胡坡遗址、卢故城、济南西城墙遗址、原山东省布政使司旧址（包括原贡院）、清山东巡抚大院旧址、钟楼寺钟楼台基、山陕会馆遗址、宁海恭和王墓、张尔岐墓、周氏庄园、共青团路关帝庙、黑虎泉泉池、长清县文庙大成殿、将军庙街天主教堂、天桥区桑梓店小寨村清真寺、陈冕状元府、高家当铺、侵华日军细菌部队原驻地、新华院旧址、李敬铨烈士墓、娄家祠堂、李氏祠堂、北洋大戏院、原金家大院、陈家楼天主教堂、李家大院、山东红卍字会诊所旧址、山东大学老校区1号楼、跳伞塔等86处（不包括原莱芜市的市保单位)市级文物保护单位。由此可见,济南市的文明遗迹丰富多彩,跨越多代,正所谓"古城辉煌数千载,文明之花遍地开"。

有着悠久历史文明的古城济南而今荣获"全国文明城市"称号,可谓实至名归。然而,由于各种原因,济南申报"文明城市"之路一直不顺利,自2002年开始的十多年间,数次参评,皆无所获。在认清差距和找到问题症结所在之后,济南市政府采取了一系列有效措施加以整治和弥补,终于在2017年11月14日成功入选第五届全国文明城市。随后,在2018年历届全国文明城市的考核中,作为"千年古城""文明新秀"的济南竟然荣摘桂冠,一举超越了所有老牌文明城市,让全国人民刮目相看。济南终于用实力证明了自己才是名副其实的"文明城市",这块凝聚了几百万济南人心血与期待的"金字招牌"终于给了济南人民。尽管济南参评全国文明城市的过程一波三折,但结果是好的,正所谓好事多磨。

要知道"全国文明城市"可是目前我国含金量最高的城市综合性荣誉,不仅是一个荣誉,也是一份责任。济南之所以在历经15年的磨练和考验后成功入选全国文明城市,是全市各地区、各部门、各单位和市民共同努力的结果。值得一提的是,在2017年济南市争创第五届全国文明城市的这关键一年中,济南市直各有关部门、单位认真贯彻落实"为民、靠民、不扰民"的创建工作理念,紧密结合承担的创城目标任务,着眼回应群众关心的问题,提升工作短板弱项,打造创建品牌亮点,围绕培育文明风尚、优化城市环境、提升行业形象、强化社会治理、文化科普惠民五个重点方向,突出群众参与、群众受益、群众满意,周密策划、精心组织、集中力量,确定启动了100项主题活动。在市委、市政府的号召和带领下,全市人民众志成城、坚定信念、脚踏实地、勤奋苦干,开辟出一条文明创建的康庄大道,给予了文明最好的诠释。城市因文明而美丽,全市人民为创建文明城市所付出的一切努力,只为了让这座文明古城更加美好、充满生机。

作为全国重点文物保护单位和龙山文化发祥地的城子崖遗址,不仅是济南的一处古代文明遗迹,也是济南的重要文明标志,为济南参评全国文明城市添砖加瓦，增添了亮丽的一笔。当然，济南今后要申报世界文化遗产，龙山文化自然也是必不可少的重要组成部分。因此，打造和建设好城子崖国家考古遗址公园，发掘和利用好丰富的龙山文化资源，应是目前济南文化建设的当务之急。这作为助力山东文化强省建设的一项重要举措，应该引起政府相关部门的足够重视，得到社会各方面力量的大力支持。2016年5月11日《国务院办公厅转发文化部等部门关于推动文化文物单位文化创意产品开发若干意见的通知》（国办发〔2016〕36号）印发以来，文化部、国家文物局确定或备案了154家试点单位，其中就包括山东博物馆、山东省美术馆、山东省石刻艺术博物馆、济南市博物馆等山东省内的数家单位。龙山文化博物馆虽然尚未被列入试点名单，但亦可以趁此机遇，充分利用自身优势，全面而深入地发掘龙山文化的丰富内涵，力争打造出一批特色鲜明的文化创意产品，并将其中的部分精品推向世界。

近年来，"文化产业""文化创意产品"等一度成为热门词语和焦点话题。然而，大家的讨论大都停留在概念层面。英国作为首倡者，称之为"创意产业"，美国称之为"版权产业"，日本称之为"休闲产业"，而韩国和欧洲其他一些国家则称之为"文化产业"，总之叫法不一。那么，"文化产业"或"文化创意产业"到底是什么？实际上，文化创意产业的核心就是人的创造力，其本质就是一种"创意经济"。"创造力"或"创意"包括两个方面：一是"原创"，即之前没有的，完全是首创的；二是"创新"，即将他人的首创进行改造后形成新的事物，给人以新的感觉。而由原创激发的"个性"和"差异"，正是文化创意产业的根基和生命所在。

其实，开发、制造和营销文化创意产品早已在全球范围内形成一种专门的行业，它是一种在经济全球化背景下产生的以创造力为核心的新兴产业，强调一种主体文化或文化因素依靠个人（团队）通过技术、创意和产业化的方式开发、营销知识产权的行业，主要包括广播影视、动漫、音像、传媒、视觉艺术、表演艺术、工艺与设计、雕塑、环境艺术、广告装潢、服装设计、软件和计算机服务等方面的创意群体。近年来，为了适应市场经济发展的需求，文化创意产业的发展逐渐得到中国各级政府的重视和支持，因为该产业在中国有着巨大的发展潜力和广阔的发展空间。

目前，中国的文化创意产业已经看到了可喜的进步。例如，在文创产品开发方面，故宫博物院可谓国内文博系统的模范和带头人。据统计，截至2017年底，故宫博物院研发的文创产品共有万余种，仅2017年就为故宫带来15亿元的收入。此外，故宫还围绕多个文化主题，以故宫博物院文创旗舰店为依托，相继推出故宫文化的多款商品，由此也让国人认识了一个完全不一样的故宫。在故宫的影响和带动下，文化创意逐渐蔓延至我国整个文博领域。近年来，越来越多的博物馆也加入研发和营销文创产品的队伍中来，并借助互联网平台的力量重新焕发出勃勃生机。

那么，对于龙山文化，应该如何发掘其内涵，开发相关文创产品呢？

借鉴故宫经验，笔者建议我们的文博单位可以考虑从以下几个方面着手：

第一，充分发掘馆藏龙山文化文物精品的文化内涵，提取馆藏精品中的"标志性元素"，例如蛋壳黑陶、龙山古玉的造型与纹饰等，力争从全方位、多角度展现出这些元素的文化内涵，以满足不同年龄、不同消费群体的需求。拓宽创意思路，做出特色、创立品牌，充分吸收和利用丰富多彩的文化元素，开发出不同品位和价位的文创产品。

第二，与知名设计师、文创企业或产品生产企业合作，共同开发龙山文化创意产品。文博单位可以自主研发，也可以请专业设计师进行创意设计，然后再让生产企业进行加工、制造。

第三，在相关展馆或园区内开设专门的商业区域，作为销售文创产品的专属空间。同时，还可以借助"互联网+"的东风，不仅打造数字化博物馆，也可以通过网店宣传和销售文创产品。实践证明，互联网平台已经成为促进文创消费和文化传承的一个推进器。这种消费模式，迎合了新时代经济发展的需求，受到年轻人的普遍欢迎。

第四，加强与当地高校、科研机构的合作，共建研究院，大力培养研究型人才和文化创意、设计、传播等方面的"实战型"人才。

第五，紧跟时代发展的步伐，不断追踪和使用先进的科学技术手段，力争将所研发的龙山文化文创产品打造成固定品牌，推向全世界，使其像城子崖遗址和龙山文化一样享誉全球，名扬四海，成为人类文明的重要标志。

文化创意产业将不仅成为我国新的经济增长点，也成为传承和弘扬中华优秀传统文化的重要载体。文博单位搞文创产品开发与营销，表面上是在"做生意"，实际上却是在利用文化元素"做宣传"，从而实现经济价值和社会效益的双丰收。

历经千载风雨沧桑、饱受甘甜泉水滋养的济南城，恰似古泉涌新流、老树开新花，历久而弥新，文明之水常流，文明之花常开。作为济南古代文明的重要标志，龙山文化及其发祥地城子崖遗址的保护、开发和利用应该得到社会各方面力量的支持。文化创意产业是古老文明与高新技术有机结合的产物，跨越时空的两朵人类文明之花相互交融，已结出丰硕的成果。当前，深入发掘龙山文化的内涵，充分利用龙山文化的资源，研发龙山文化主题文创产品，恰逢其时。我们相信，在党和政府的号召和带领下，在社会各方面力量的通力协作和全体市民的共同努力下，济南的未来会更加美好，"文明之花"将会开遍全城，愈加绚烂！

图书在版编目（CIP）数据

龙山文化：古城文明溯源流 / 王绍东著. — 济南：济南出版社，2020.6

（济南故事 / 杨峰主编）

ISBN 978-7-5488-4044-2

Ⅰ.①龙… Ⅱ.①王… Ⅲ.①龙山文化—研究 Ⅳ.①K871.13

中国版本图书馆CIP数据核字（2020）第013847号

龙山文化：古城文明溯源流

LONGSHANWENHUA: GUCHENG WENMING SU YUANLIU

出 版 人：	崔 刚
图书策划：	郅 良 李 岩 张元立
责任编辑：	张智慧
封面设计：	张 金
出版发行：	济南出版社
地　　址：	济南市市中区二环南路1号　250002
邮　　箱：	ozking@qq.com
印 刷 者：	济南新先锋彩印有限公司
经 销 者：	各地新华书店
成品尺寸：	170 mm × 230 mm　1/16
印　　张：	10.5
字　　数：	140千字
印　　数：	1—10000册
出版时间：	2020年6月第1版
印刷时间：	2020年6月第1次印刷
书　　号：	ISBN 978-7-5488-4044-2
定　　价：	53.00元

（版权所有　侵权必究）